생(生)

이기원 단상 에세이집

작가의 말

열 살 때부터 부모 슬하를 떠나 객지에서 학창 시절을 보냈다. 그리고 피 끓는 20대부터 18년 동안 직업군인을 하다 보니 불혹의 문턱에 서게 되었다. 자연스럽게 사회초년생 대열에 합류했다.

목구멍이 포도청인지라 그로부터 30년 동안 사회생활을 하면서 스무 가지 정도의 직업을 경험하고 있다.

지금까지 70년 가까이 살아오면서 직접 부딪치거나 보고 듣고 느낀 점들을 토대로 이 책을 쓰게 되었다.

주로 서민들의 삶의 애환을 다뤘고 권력자나 재벌들의 비양심적인 행위를 질타하기도 했다.

조금이나마 공감하고 하나라도 건질 것이 있다면 그것으로 만족한다. 항상 건강과 행복이 함께하시길 바란다.

2025년 겨울

이기원

차례

작가의 말 … 3

ㄱ … 7

ㄴ … 45

ㄷ … 61

ㄹ … 91

ㅁ … 101

ㅂ … 127

ㅅ … 153

ㅇ … 185

ㅈ … 219

ㅊ … 249

ㅋ … 267

ㅌ … 279

ㅍ … 291

ㅎ … 305

1부

ㄱ

가마	겨울	기적
가을	결혼	김치
간판	경로당	깡통
개미	경비원	껍데기
거울	공	꽃
건망증	그림자	꿈

가마

꽃다운 이팔청춘에 연지 곤지 찍고 시집을 갔다. 장정 두 사람이 앞뒤에서 가마에 태워 시댁으로 향할 땐 중전마마 같은 기분이 들기도 했다. 하지만 신혼의 단꿈은 불과 며칠에 지나지 않았다. 시부모를 모시고 사는데 친정 부모보다도 훨씬 어렵고 힘들다. 거기에 시누이와 시동생까지 가세하여 어깨를 짓누른다. 온갖 집안일과 텃밭 가꾸기는 기본이고, 농사철이 시작되면 새카만 가마솥에 밥을 짓고 제법 큰 솥단지에 국도 끓여야 한다.

매일 첫닭 울음소리를 듣고 일어나 부지런히 움직이다가 둥근 달이 떠오를 때면 잠자리에 든다. 그래서 몹시 힘들 땐 가마솥 옆에 쭈그리고 앉아 쪽잠을 자고 소리 없이 흐느낄 때도 있다. 그렇게 '벙어리 3년, 귀머거리 3년, 장님 3년'을 생활신조로 삼으며 살았다. 그러면서도 7남매를 낳아 나름대로는 잘 키웠다.

덧없는 세월이 흘러 강산이 몇 번 변하자 얼굴과 손등에 주름이 늘어나면서 작은 동산들과 계곡들이 조화를 이뤄나갔다. 드디어 7남매를 모두 출가시켰는데, 결코 순탄치 않았던 지난 세월이 주마등처럼 스쳐 지나간다. 반세기 전 가마 타고 시집가서 가마솥과 아주 친한 친구처럼 살다 보니 겨우 쌀 열 가마 정도만이 내 재산의 전부인 양 뽐내고 있다.

'내 삶은 꽃가마로 시작해서 가마솥과 생사고락을 함께한 열 가마 인생인가?'

가을

 오곡백과가 풍성한 가을은 수확의 계절이다. 벼가 쑥스러운 듯 고개를 숙이고 코스모스가 한들거리며 성묘객들을 안내한다. 감이 무르익어 새색시 얼굴처럼 붉어지면서 새빨간 단풍들과 경쟁을 한다. 하늘은 구름 한 점 없이 드높고 말이 살찌는 소리가 들려온다. 살랑대는 가을바람에 이리저리 나뒹구는 낙엽을 바라보니 추억의 상념들이 가슴속을 파고든다.

 가을의 시작을 알리는 입추(立秋)와 더위가 그치는 처서(處暑), 하얀 이슬이 내리는 백로(白露), 낮과 밤의 길이가 같아지는 추분(秋分)이 다가오자 논과 밭의 곡식들을 거둬들이지 않았던가!
 타작이 한창일 때, 찬 이슬 내리던 한로(寒露), 추수가 마무리된 후 서리가 내리던 상강(霜降)이 가을의 마침표를 찍는다.

'곡식을 거둬들이는 일'에서 유래된 가을인데 줄여서 '갈'이라고도 한다. 그래서 '가을엔 부지깽이도 덤벙댄다.'고 했다. 온 식구들이 나서서 추수할 무렵이면 집안 전체의 모든 물건도 덩달아서 바쁘다는 뜻이겠지?

드디어 겨우살이를 위한 마무리가 될 무렵이 되자 허리를 쭈욱 펴며 한시름을 놓는다. 하지만 나풀거리며 힘없이 떨어지는 낙엽들이 조금은 서글프게도 한다.

가을은 남성의 계절이어서 그런가?

간판

 도심 속의 간판들은 울긋불긋과 휘황찬란이 주류를 이룬다. 화려한 색상이나 아름다운 글씨체가 예전에 비하면 고급스럽기 그지없다. 하지만 영어나 외래어들이 즐비해서 때론 외국에 출장 온 듯한 느낌을 받곤 한다.
 또한 소음과 공해에 찌든 일상이 반복되어 탈출하고 싶은 욕망이 솟구친다.

 가벼운 등산복 차림에 김밥과 음료수를 챙겨 넣고 대문을 나서서 경사진 오솔길을 따라 30분쯤 걸어가면 소나무 향이 지긋한 숲길이 시작된다. 금세 온몸이 정화되어 새로운 활력이 솟구치는 것만 같다.
 정상을 향해 내딛는 발걸음이 점점 무뎌지지만 자연 속의 신선 같은 느낌이 들 때도 있다. 그러면서 여러 가지 상념들이 주마등처럼 스쳐 지나간다.

 뜻있는 대학교를 졸업하고 남들이 부러워하는 기업체에 입사하기 위해 얼마나 발버둥 쳤던가. 이를테면 특별한 간판을 달기 위해 몸부림쳤었다. 그리고 뼈를 묻을 각오로 열심히 뛰어 부장 자리에 올랐고 이제 정년퇴직이 코 앞이다.

퇴사 후에는 무얼 하지? 자영업이 무난할 것 같은 생각이 들고 '무지개 분식'이나 '미리내 김밥' 등의 간판이 떠오른다.

중·고등과 대학교에 다닐 때도 간판 때문에 마음의 부담을 느꼈었는데 회갑을 눈앞에 둔 지금에 와서도 간판이 나를 몹시도 괴롭힌다.

그렇게 스스로 생각의 바다에 풍덩 빠져 어슬렁거리며 등산로를 따라 오르는데 삼거리 간판이 바로 눈앞에서 아른거린다. 기로에 서서 어느 길로 가야만 하는가.

서 있는 간판은 말이 없는데 내 마음속의 간판이 요동치며 혼돈의 늪으로 빠져들게 한다. 차라리 간판 없는 어릴 적 그 시절로 다시 돌아가고 싶기만 하다.

개미

 근면과 성실의 상징인 개미들은 1억 년 전부터 지구상에 존재했다. 대부분 암·수의 구별이 없고, 생식을 담당하는 암개미와 수개미는 아주 작은 부분을 차지한다.
 개미들은 농사를 짓거나 집을 짓는다. 그들은 집단생활에 필요한 먹이 창고나 여왕개미의 숙소, 버섯 재배실 등을 미리 마련해 둔다.

 개미들 중 3분의 1은 잠만 자거나 빈둥거리며 놀고, 또 다른 3분의 1은 쓸데없는 일을 벌이거나 훼방꾼처럼 산다. 나머지 3분의 1만이 열심히 일하면서 관리해 나간다.
 개미들은 북극에서 사막에 이르기까지 널리 분포되어 살고 있다. 그리고 밤낮을 가리지 않고 일한다. 우리 집 마당의 화단만 봐도 그렇다.
 한여름에 베짱이가 다가와 측은한 눈빛으로 손을 벌려도 외면한 채 사시사철 먹고 살 먹이들을 부지런히 가져다 나른다.

이들은 종족 보존의 총책임자인 여왕개미를 모시고 아주 단란하게 살아간다. 0.01g의 개미들은 자기 몸의 50배 무게를 능히 옮길 수 있는 천하장사인지도 모른다.

 세상을 살아가는 우리도 개미 집단과 비슷한 것 같다는 생각이 들 때가 많다. 공동 통치의 부모와 다양한 부류의 자식들이 한데 어우러져 이리저리 부대끼며 살아가기 때문이다.

거울

거울 앞에 선 내 모습이 변화무쌍하다. 학창 시절엔 파릇파릇한 새싹 같더니만 중년에 접어들면서 잘 숙성시킨 밀가루 반죽처럼 조금은 근엄한 자태를 뽐내고 있다. 그러다가 회갑을 넘기니 흰머리가 띄엄띄엄 돋아나와 백발을 향한 점령군처럼 행세하며 머리를 하얗게 물들이고, 이목구비 또한 저렴한 중고품으로 전락하여 하한가를 향해 내달린다.

나이를 먹는 것이 아니라 홍시처럼 무르익어가는 것 같기도 하다. 칠순이나 팔순이 되면 더 심각하겠지? 하한가 찍고 떨이 품목이나 바겐세일 상품으로 전락할지도 모른다. 어쩌면 홍시 몇 알 남아 까치밥 신세가 되지 않겠는가.

누가 거울을 '인생의 반사체'라고 했는가. 거울이 없었던 태곳적 시절엔 지극히 자연스러운 평화를 누리면서 살았다. 세상을 비추는 그 위대한 거울을 발명하는 순간부터 희로애락의 모든 사연이 춤추기 시작했다.

인생 시계가 한참 돌다 보니 백발의 두상과 쭈글쭈글한 이목구비와 남산 비슷한 아랫배와 흐물흐물한 하체가 자신을 슬프게 한다.

때론 거울 없는 세상으로 영구 이민 가고 싶을 때도 있다. 거울뿐만 아니라 세상사 모든 일이 긍정과 부정이 공존한 채 일희일비를 낳으며 그저 그렇게 살아가는 모양이다.

건망증

 나 홀로 집에 있다가 달갑잖은 혼밥으로 대충 끼니를 때우고 대문을 나선다. 골목길을 돌아 대로변 횡단보도에서 신호대기 하는데 문득 떠오르는 게 있다.
 '가스불을 껐던가. 형광등은?'
 그래서 발길을 돌려 집으로 향한다. 형광등이야 전기 요금만 조금 추가될 뿐이지만, 가스불은 간단한 문제가 아니다. '우리 집 화재보험도 들지 않았는데 혹시?' 하는 방정맞은 생각들이 뇌리를 스쳐 지나가면서 헐레벌떡 부엌으로 향한다. 다행히 불꽃은 보이지 않고 원상태로 잘 보존되어 있다. 형광등만이 햇볕과 키재기를 하며 반짝이고 있다.
 '건망증이 심한 거야, 치매 초기 증상이야?'
 스스로에게 물어보지만 명쾌한 답이 없다. 갱년기가 아닌 노년기에 찾아오는 지극히 평범한 일상이다.

건망증은 마누라에게 아주 유용하게 쓰인다. 불리하면 청문회 때처럼 '잘 모른다. 기억이 없다.'고 시치미를 떼면 그만이다. 마누라가 질책 대신 걱정스러워할 때는 마음속으로 통쾌할 때도 있다. 하지만 건망증이 심해 자꾸만 횡설수설하거나 본의 아닌 거짓말을 자주 하게 되면 건방증으로 변질될 우려도 있다.

건망증과 치매는 서로 연관성이 있는 이웃사촌인지도 모른다. 부지런히 걷기 운동을 하고 스스로 일거리를 만들어 뇌가 축구 선수처럼 뛰게 만들어야 한다.

그래서 100세 인생의 성실한 구성원으로 동참해야 하지 않겠는가.

겨울

어린 시절 겨울이 좋았던 이유는 당연히 눈사람을 만들고 눈싸움을 할 수 있어서였다. 점심시간이면 학교 운동장에 우르르 몰려 나가 언 손을 불어가며 눈을 굴려 머리를 만들고 여럿이 더 크게 뭉쳐 몸통을 만들면 눈사람의 형태가 갖춰진다. 거기에 솔가지로 눈·코·입을 붙여 만들면 완성작이다.

여기까지가 눈놀이의 전반전이고 후반전은 눈싸움이다. 가위·바위·보를 해서 이긴 쪽과 진 쪽이 서로 한편이 되어 신나게 눈덩이를 던지다 보면 마치 지상낙원인 것만 같다. 때론 눈덩이에 맞아 눈두덩이 퍼렇게 된 친구들도 있었지만 모두들 신바람이 났고, 추위와의 싸움은 저만치 달아나고 더위와의 전쟁이 되곤 했다.

겨울의 시작을 알리는 입동(立冬, 11월 초), 첫눈이 내린다는 소설(小雪), 큰 눈이 내리는 대설(大雪), 그러다가 밤이 가장 긴 동지(冬至)가 되면 뜨끈뜨끈한 동지 팥죽 두 그릇을 게 눈 감추듯 먹어치웠었다.

그리고 해가 바뀌자마자 소한(小寒)이 찾아오고, 보름 후엔 대한(大寒)이다. 우리 속담에 '대한이 소한 집에 놀러 갔다가 얼어 죽었다.'고 한다. 그런 대한이 '대한 독립 만세!'를 외치면 드디어 즐겁던 겨울이 형장의 이슬로 사라지고 봄의 전령사인 입춘(立春)이 바로 담장 너머에서 고개를 내민다.

어렸을 땐 또다시 내 인생의 봄이 찾아오리라는 생각에 아쉽게 사라져버린 겨울이 야속하게 느껴지진 않았었다. 정말 추운 겨울은 내년을 기약한 채 아련히 사라져갔을까?

결혼

'연애가 시(詩)라면 결혼은 일기다.'라고 하는데, 시적 문구가 잘 떠오르지 않으니 차라리 일기를 쓰자는 심정이 되어 결혼을 결심하지 않을까?

흔히 말하길 '바다에 나갈 땐 한 번 더 생각하고, 전쟁터에 나갈 땐 두 번 더 생각하며, 결혼식장에 들어설 땐 세 번 더 생각하라.'고 한다. 거센 파도나 해일보다, 총알이 빗발치는 전쟁터보다, 더 신중하게 생각하라는 뜻이겠지?

결혼 1주년은 종잇장처럼 얇아 지혼식(紙婚式)이라 하고, 4반세기가 지나면 은메달 수상의 은혼식(銀婚式)이며, 반세기 동안 한 지붕 한 가족으로 꼭 껴안고 살면 금메달을 수여하는 금혼식(金婚式)이다.

예전엔 20대 후반쯤이면 대부분 결혼했었다. 하지만 새천년의 결혼 풍속도가 많이 변했다. 결혼 적령기가 늦춰지고 나홀로족이 많아졌다. 그리고 출산율이 0.6명 대로 뚝 떨어져 인구가 줄어드는 추세다.

가정의 달인 5월에 부부의 날(21일)이 있다. 부부는 일심동체라고 하는데, 둘(2)이 하나(1) 된 날이다. 부부 문화 확산, 과학 복지 증진에 이바지하도록 하기 위해 20년 전에 제정한 날이라고 한다.

이제 1년 내내 부부의 날로 정해 '아들·딸 구별 말고 둘만 낳아 잘 기르자.'는 슬로건을 다시 내세울 때가 아닌가 생각되기도 한다.

경로당

 65세가 되면 누구나 노인 대열에 합류한다. 그래서 경로우대증을 발급받은 뒤 슬그머니 경로당을 방문했다. 조심스레 대문을 열고 고개를 쭈뼛하며 들여다보니 한참 형님뻘 되는 어르신들 서너 명이 앉아서 물끄러미 쳐다보며 묻는다.
 "무슨 일로 오셨당가?"
 "그냥 지나는 길에 들렀는데요."
 "그럼, 얼른 들어와서 회원 등록해야지."
 "그럴까~요? 무슨 혜택이라도…"
 "방 청소와 잔심부름하는 일부터 배워야지~ 암!"
 "오늘은 급한 약속이 있으니 내일 다시 방문하겠습니다요."
 "내일 꼭 와야 해."

 뒤도 안 돌아보고 허겁지겁 대문을 나서서 삼십육계 줄행랑을 치는데 뒤에서 자꾸만 목덜미를 잡아당기는 것만 같다. 그 와중에도 40여 년 전 군에 입대하여 내무반 청소는 물론 식기와 고참들 군화를 닦던 일들이 주마등처럼 스쳐 지나간다.

'그래! 경로당 신출내기보다는 지하철 무임승차가 훨씬 재미있고 의미 있는 일일지도 몰라…. 지금은 찬밥 신세나 다름 없으니 강산이 한 번 더 변한 후에나 등록해야지…'

그 후로는 행여 들킬세라 동네 경로당을 우회해서 잠자리 포수처럼 조심스럽게 다니고 있다.

경비원

 아파트 경비원들은 대부분 회갑을 넘긴 노년층이다. 정년퇴직 후 제2의 인생 출발선에 서 있는 사람들인데, 통상 24시간 맞교대 근무다.
 어스름한 여명을 벗 삼아 아파트 단지로 들어서면 105동 입구의 아담한 경비실이 보인다. 퇴근 준비차 바쁜 한 살 아래의 짝꿍과 가볍게 인사한 후 업무 인계인수를 한다. 푸석푸석한 얼굴로 수고하라는 한마디를 남긴 채 발길을 돌리는 모습이 조금은 애처로워 보인다. 바로 내일 아침의 내 모습이다.
 주변의 쓰레기나 낙엽을 줍거나 쓸면서 오전을 보내고, 점심은 라면 한 봉지로 때우기 일쑤다. 어차피 마음에 점 하나 찍는 것이 점심(點心) 아닌가.
 오후엔 순찰·택배·방문객·하교·퇴근 등으로 붐빈다. 또한 기록을 남겨야 하는 일도 많아 바삐 움직여야 한다. 그러다 보면 어느샌가 붉은 노을이 107동 건물 뒤편으로 사라져 간다. 이때부터 방황하는 청춘처럼 고독이 슬슬 밀려온다.
 어둠이 깔리고 정적이 맴돌 때면 고양이들만이 친구하자

며 주변을 서성인다. 그래서 먹다 남은 떡 두 조각을 던져줬더니 꾸벅 인사를 한다.

'이 시간의 유일한 친구는 너밖에 없구나.'

누런 벽시계가 덩그렁 덩그렁 하며 밤 10시를 알리자 정해진 코스를 따라 순찰을 돈다. 그러면서 새벽까진 어둠과의 전쟁이다.

이 직업에 종사하다 보니 휴가나 명절 등 애로사항이 많다. 단 하루밖에 쉬지 못해서다. 그래도 일할 수 있다는 기쁨에 천직으로 생각한다.

늙고 힘없는 경비 아저씨들은 오늘도 라면과 함께 자신과의 전쟁을 치르며 마이너리그 인생을 살아가고 있는지도 모른다.

공

 어린 학창시절에 열공해서 내공을 잘 쌓은 뒤 성공을 위한 시공을 잘하면 탄탄대로의 완공을 이룰 수 있다. 그러다가 때가 되면 '색즉시공(色卽是空)'의 경지에 이르기도 한다.
 대한민국 정부가 수립된 후 반세기 가량은 반공인지 방공인지가 국시였다. 그 후 민주화와 함께 새천년이 밝은지 강산이 두 번씩이나 변했는데도 시대를 역행하여 반공과 방공이 되돌아온 듯한 느낌이다.
 백성들을 잘 보살피지 못하면 비판적인 반대 세력들이 나오기 마련인데 종북좌빨의 불순세력으로 간주하며 협공을 가한다. 적반하장의 공포정치나 다름없다.

 스포츠계에도 공이 주류를 이룬다. 탁구공과 골프공의 크기는 비슷하다. 그래서 좀 더 활기찬 스포츠를 원해서 야구공이 등장했고 뒤이어 배구공과 축구공이 입장했다. 그 후 농구공이 마침표를 찍는 듯했으나 둥그런 공이 식상했는지 어디로 튈지 잘 모르는 럭비공이 대단원의 막을 내렸다. 반세기 정도 지나면 팔각공이나 사다리공이 혜성처럼 나타날까?

  타이어 공기 압력이 잘못되면 일촉즉발의 위기가 발생한다. 그리고 비어있는 공과 탄력 나라의 공은 세상살이의 달고 쓴 양념 같은 역할을 한다. 공든 탑이 무너지는 것도 순식간이다.

  허공을 맴돌며 빈손으로 왔다가 맨손으로 가는 것이 인생인가. 그래서 '동전 인생' '빈 지게' '빈 손' '빈 잔' 등 유사풍의 노래 제목들도 많다.

  공은 지상과 공중을 자유자재로 드나들며 마술사 같은 존재로 군림하고 있는지도 모른다.

그림자

 물체의 뒷면에 드리워지는 검은 그늘인 그림자는 반드시 빛과 어둠이 존재해야만 생긴다. 전기가 없던 조선시대까지만 하더라도 밤에 등잔불을 켜고 살았는데 자연스럽게 그림자놀이를 즐겼다. 등잔불 옆에 앉아 양손으로 예술 작품 같은 모양을 하면 개·토끼·오리·여우·황소 같은 그림자가 벽면에 나타난다. 그래서 동지섣달의 기나긴 밤도 지루하지 않게 넘기곤 했다.

 암흑의 일제 강점기와 6·25 전쟁 이후까지도 산골이나 오지마을에 전기가 들어오지 않아 그림자놀이의 명맥을 유지했었는데, 이젠 노년층만이 아련한 추억의 박물관 놀이로 남아있다.

 우리 인간에겐 평생 자신과 똑같은 그림자가 따라다닌다. 훌륭한 부모의 그림자는 늘 자식들에겐 우상이나 다름없다. 그래서 사악한 뱀이나 음흉한 도깨비 같은 그림자가 드리워지지 않도록 현명하게 살아간다.

때론 얼굴에 드리워진 어두운 그림자가 자식들에게 읽혀지지 않도록 노심초사하면서 무대 위의 실루엣처럼 애써 미소 짓는 변신의 귀재가 되기도 한다.

그림자는 자신이 살아온 발자취의 이력서이자 자식들이 이정표로 삼는 등대 같은 역할을 하는 것이 아닐까?

기적

기적 소리가 울려 퍼진다. 기찻길 옆 오막살이에 사는 젖먹이 딸과 어머니가 자장가처럼 듣는 것인지, 이별의 애잔함을 노래한 대전발 0시 50분의 목포행 완행열차인지는 잘 모른다.

모든 역마다 단골손님이 되어 드나들며 꾀꼬리 같은 기적 소리가 울려 퍼지게 하는 비둘기호는 평화의 상징처럼 느껴지기도 한다.

통일호는 남북통일의 염원을 담고 서글프게 울부짖으며 달렸을까?

삼천리 화려강산을 노래한 무궁화호는 무궁무진한 가능성을 보여주었나.

새벽 종소리 울리며 기상을 독려하던 새마을호는 잘살아 보자고 읊조렸을 것이다.

그러다가 시속 $300km$로 질주하는 KTX와 SRT가 등장하자 비둘기호와 통일호는 못다 이룬 꿈을 뒤로한 채 역사 속으로 사라졌다.

기적(奇跡)은 상식을 초월한 불가사의한 현상을 말한다. 종교인들은 그들이 추종하는 절대자에 의해 구현되었다고 믿을 것이고, 무신론자들은 간절한 나의 바람이 보이지 않는 마력에 의해 이뤄졌다고 믿을 것이다.

레일 위를 달리면서 열창하던 기적 소리가 감동의 선율을 타고 기적을 만들었는지도 모른다. 살아가다 보면 기찻길 옆에 살지 않아도 기적 같은 일이 일어나기 마련이다.

인생에는 두 가지 길이 있다고 한다. 하나는 기적이 없다고 믿는 것이며, 다른 하나는 모든 것이 기적이라고 믿는 것이다. 전자냐 후자냐의 믿음과 선택은 개개인의 몫이 아닐까?

김치

 겨울이 턱밑에 다가오면 모든 가정에선 옹기종기 모여 앉아 김장을 한다. 모녀간 또는 동서 간에 화합의 한마당인지도 모른다. 절인 배추를 씻어 고춧가루·간장·마늘·깨 등이 들어간 재료에 버무리면 벌써부터 군침이 돈다.
 남정네들은 배추 포기나 옮겨주며 슬슬 눈치 보다가 김장김치와 수육과 소주의 삼합을 학수고대하면서 속내를 은근히 감추곤 한다.

 500년 전까진 김치가 아닌 침채(沈菜)였다. 배추를 소금물에 절여 먹었기 때문이다. 고추의 원산지는 중부 아메리카인데 포르투갈 사람이 일본에 전했단다. 그로부터 반세기 후 임진왜란(1592) 때 대마도(쓰시마섬)에서 조선으로 전파되었다. 그래서 고추 농사를 지었는데 풋고추는 그냥 된장에 찍어 먹고 붉게 말린 고추는 가루로 빻아 침채에 버무렸다.

이 침채가 세월이 지나는 동안 팀채를 거쳐 딤채가 되더니 김채를 찍고 김치가 된 것이다. 매운맛과 단맛이 조화를 이루는 고추는 캅산틴·캅솔빈 등 수십 종의 색소가 들어있는데 비타민 A와 C가 풍부하다. 그래서 그런지 김장과 고추장은 물론 각종 찌개나 전을 만들 때도 이용된다.

가랑비가 촉촉이 내리는 오늘 저녁 식탁엔 묵은지감자탕과 막걸리의 조합이 그리워지며 은근한 마음으로 퇴근길 발걸음을 재촉해 본다.

깡통

 정월대보름 밤이 되면 쥐불놀이를 한다. 깡통 옆구리 양쪽 상단에 구멍을 뚫고 약간 굵은 철사를 꿰어 손잡이를 만든다. 그런 다음, 깡통 속에 불붙은 장작과 나뭇가지를 넣고 원을 그리듯 돌리면 화려한 불꽃놀이가 된다. 동네의 또래 아이들 대여섯 명이 언덕배기 달빛 아래에서 단체 불꽃 쇼를 펼치면 그야말로 장관이다.

 주식으로 한밑천 잡아보자고 자기 자본과 대출까지 받아 특정 종목에 몰방하다시피 했는데 결국 모두 날려 깡통 계좌가 되고 마는 경우가 허다하다. 그렇게 좌절과 미련의 허무한 시간이 지나 뱃속에서 꼬르륵 소리를 내면 목구멍이 포도청인지라 하는 수 없이 빈 깡통을 들고 이 집 저 집 기웃거리며 구걸해야만 한다.
 주식 투자인지 투기인지의 그 돈으로 주식인 쌀을 샀더라면 평생 끼니 걱정 없이 살아갈 텐데 말이다.

시냇물은 실개천을 따라 졸졸졸 소리를 내며 아름다운 선율에 맞춰 흐르다가 바위나 자갈이 나타나면 요란한 괴성을 지르며 쏜살같이 내려간다. 그러다가 점점 수심이 깊어지고 강폭이 넓어지면 도를 깨우친 신선처럼 소리 없이 도도하게 흘러간다. 깡통 소리에서 피아노 소리를 거쳐 묵음의 오선지를 미끄러지듯 달려가는 것만 같다.

 빈 수레와 깡통은 이웃사촌인 양 뽐내며 요란한 잡음만을 토해낸다. '무식한 귀신은 부적도 몰라본다.'고 하는데 이를 두고 한 말이 아닌가 싶기도 하다.
 깡통이 좋은 건 흙을 채워 화분을 만들거나 페인트가 들어있는 뺑기통으로 쓰일 때와 정월대보름의 쥐불놀이용으로 쓰일 때가 아닐까?

껍데기

 이리저리 시달리고 빼앗겨 빈털터리가 된 노신사는 한숨이 절로 나온다. 그러다가 덜컥 드러누웠다. 처음엔 5남매 자식들이 자주 다녀갔는데 찾아오는 횟수가 까만 고무줄처럼 늘어져 3개월에 한 번도 올까 말까 한다. 가끔 전화만 해대는 자식들이 더욱 서운하게 느껴졌다.
 노신사는 마음속으로 비상사태 선포 후 작전 계획을 세웠다. 우선 다섯 개의 금융기관에서 통장을 만들었다. 그리고 몇 개월 후 명절이 찾아왔는데 모두 하룻밤만 자고 일찍 가겠단다.
 다음 날 고별사를 읊조리는 큰아들 부부 앞에서 화려한(?) 개막식을 연출했다. 누워있던 매트리스 오른쪽 방바닥에 있던 통장을 하나씩 꺼내 살짝 펼쳐보고 왼쪽 방바닥 밑으로 밀어 넣었다. 그렇게 다섯 번의 액션이 반복됐고 다른 자녀들에게도 시범을 보였다.
 그 후로 5남매의 병문안 인사는 분기례에서 주례 행사로 변했다. 봉투와 쇠고기와 선물 보따리를 들고서 말이다. 예금액이 각각 1만 원씩 들어있는 다섯 개의 통장이 톡톡한 효자 노릇을 한 셈이다.

 돼지 껍데기는 팍팍한 살과 어우러져 질리는 속도를 더디게 한다. 껍데기 스타킹을 신고 늘씬한 몸매를 자랑하는 닭다리는 어떠한가. 쭉빵의 미끈한 다리만 생각해도 군침이 돈다. 해변의 지배자이자 바다의 황금 어족인 게는 껍데기 안의 내장 한 가지만 있어도 밥 한 그릇을 뚝딱 해치운다.
 껍데기나 껍질은 건축물의 미장 공사처럼 모든 형상의 마감재 역할을 한다. 그리고 풍상에 시달리거나 세파에 찌들어도 결코 굴하지 않는다. 빈 그릇이 좋은 건 맛있는 음식을 채울 수 있어서이듯, 껍데기가 좋은 건 유용한 무엇인가를 담을 수 있기 때문이다.
 그래서 노년의 껍데기는 유네스코에 등재될 보석 같은 존재인지도 모른다.

꽃

'봄은 여인네들의 옷차림으로부터 온다.'고 했던가.

울긋불긋 설레는 마음을 옷으로 표현한 것이리라. 봄의 전령사라는 매화와 참꽃인 진달래, 별인 개나리, 그리고 우애의 목련이 화사하게 핀다. 그 뒤를 유채꽃·벚꽃·튤립·철쭉 등이 봄의 향연을 이어 간다. 이러한 꽃들이 여인네들의 옷차림으로 변신했을까?

꽃은 결코 봄의 전유물만은 아닌가 보다. 태양의 계절인 여름에도 개망초·도라지·나팔꽃·달맞이꽃·수련 등이 저마다의 자태를 자랑하며 피어난다.

낙엽을 연상시키는 가을은 어떠한가.

성묫길에 한들한들 코스모스, 약재로도 쓰는 구절초, 서리를 맞아도 꺾이지 않는 의지의 국화, 2m의 훤칠한 키를 자랑하는 해바라기 등이 남성의 계절과 보조를 함께한다.

하얀 겨울엔 동백꽃만이 외로움에 떨면서 사랑·희망·순결을 뽐낸다. 가을 추수가 끝난 뒤 동지섣달 기나긴 밤을 꼭 끌어안고 사랑을 나누는 부부의 꽃과 쌍벽을 이루고 있는지도 모른다.

누가 호박꽃도 꽃이냐고 묻길래 가장 실속 있는 꽃이라고 대답했다. 애호박은 개당 1천 원이 넘고, 황톳빛으로 물들인 채 노년의 아름다움을 자랑하는 연로한 호박은 개당 5천 원이 넘는다. 마누라 꽃이기도 한 노년의 호박꽃은 비록 찬란하진 않지만 실속파의 아름다운 꽃이다.

사랑의 프러포즈와 축하나 애도를 표할 때도 꽃이 대변인 역할을 한다. 꽃은 여인과 계절과 색깔과 향기를 아우르며 남녀노소를 막론하고 뭇사람들에게 사랑받는 식물이 아닐까?

꿈

 태극 전사들이 그라운드를 누빌 때 붉은 악마들은 '꿈은 이루어진다.'는 플래카드를 내걸고 목청껏 응원한다. 사기가 충천해진 선수들은 더욱 신바람이 나서 화합한다. 그렇게 뛰다 보면 정말 승리의 꿈을 이룰 때가 많다.
 흔히 어수선하게 꾸는 꿈은 개꿈이요, 꿈속에서 돼지를 보면 재물이 생긴다는 복꿈이다. 꿈의 숫자인 로또 여섯 자리가 허공 속에서 왔다 갔다 할 때도 있다. 누군가 '광기에 찬 십시일반(十匙一飯)'이라고 정의했다.

 동남아 등 후진국 청년들은 '코리안 드림'을 꾼다. 이들은 중학교 시절부터 한국의 근로자가 되는 꿈을 꾼다. 그래서 한국어를 전공하고 한국행 비행기에 몸을 싣는다. 대부분 생산직이나 일용직으로 일하는데, 1주일 정도의 노동이 그들 나라의 1개월 급여와 맞먹는다. 최저임금인데도 말이다.
 이들은 통상 5년 동안의 산업 비자를 발급받아 열심히 일해서 귀국할 때쯤이면 작은 우리 집과 가게를 차릴 수 있는 정도가 된다. 이를테면 '코리안 드림'이다.

꿈!

덧없는 한여름 밤에 꿈을 꿀 때도 있지만, 지나온 수십 년의 과거들이 꿈속의 일들만 같기도 하다. 꿈과 같이 헛된 한때의 부귀영화를 이루는 남가일몽(南柯一夢)인지 일장춘몽(一場春夢)인지 헷갈린다. 아니면 속으로 딴생각을 품고 있는 동상이몽(同床異夢) 이었던가.

비록 이루지 못할지라도 이 꿈을 꾸면서 꿈속의 나래를 펼치다가 꿈과 함께 이슬처럼 사라지고 싶은 마음이다.

2부

ㄴ

낙하산	냄새	농번기
남편	노동	
내일	노숙자	

낙하산

 호주에 사는 캥거루는 태어난 직후부터 1년 동안 어미 목덜미에 달린 주머니를 낙하산 삼아 꽉 붙잡고 산다. 그러다가 돌잔치가 끝나면 자발적으로 독립하여 하루 세 끼를 스스로 해결한다.
 하지만 철부지 인간들은 부모 목덜미를 낙하산 삼아 20년 동안 매달리는 건 기본이고, 30년 넘게 거머리처럼 달라붙기도 한다.

 시험이나 취업은 물론 권력을 둘러싼 낙하산 인사는 어떠한가. 전문성과는 전혀 무관한 보은성 자리 베풀기는 아직도 미개한 수준이다.
 우리 역사상 낙하산의 대표적인 사례는 음서(蔭敍) 제도일 것이다. 고려 6대 왕인 성종 때 시행된 이 제도는 5품 이상 관리의 자제를 과거 시험 없이 관리로 채용하는 것이다.

뿌리 깊게 내려온 이 음서 제도는 대한민국이 출범한 후 70여 년이 지난 지금도 사라지지 않고 있다. 정계·재계·학계·스포츠계·예술계를 망라하여 특전사 공수부대원처럼 단단한 낙하산을 타고 유유히 안착하는 것이다.

 하늘을 날고 싶은 인간의 꿈을 실현한 낙하산이 권력과 밥벌이와 이해관계의 대명사로 변신한 현실이 그저 씁쓸하게만 느껴진다.

남편

우리나라의 반만년 역사 중에 남편은 곧 하늘처럼 여겨졌었다. 그래서 여필종부(女必從夫)를 부르짖었고, 남편의 뜻에 따라야만 했다.

그뿐 아니라 삼종지도(三從之道)도 있었다. 어려선 아버지의 뜻에 따라야 하고, 시집가선 남편을 하늘처럼 섬겨야 하며, 남편 사후엔 아들의 뜻에 따라야 한다는 것이다. 결코 세 종류의 지도를 들고 다닌 것이 아니다.

6·25 전쟁 이후 보릿고개를 넘던 시절까진 이러한 원칙을 고수하며 지냈던 것 같다. 딸과 아내와 어머니로서 희생만을 강요하던 수상한 그 시절들을 오롯이 보듬고 살았던 것이다.

새천년 들어서의 남편상은 어떠한가! 예전처럼 가부좌를 틀고 앉아 밥타령 하는 시대가 아니다. 남녀평등과 여성상위시대의 충실한 회원이 되어 청소와 설거지도 함께 하고, 외출 시 아기 전담 보호자의 중차대한 역사적 사명을 완수하기도 해야 한다. 그렇게 하지 않았다간 하늘은커녕 애물

단지 신세를 면치 못할 지경에 처했다.

이제 남편은 사내 또는 남자 쪽이 아니라 남의 편이나, 한 개의 번호도 맞지 않는 로또 또는 송편의 이웃사촌으로 전락할지도 모른다.

남편들이여!

여차하면 여필종부가 아니라 남필종부(男必從婦)를 강요당할지도 모르고 파랑·노랑·빨강의 세 가지 종류의 카드를 든 채 마음대로 지도(指導)할지도 모르니 정신 바짝 차리고 시대 정신에 부응한 새로운 남편상을 확립하여 정진, 또 정진할지어다.

내일

 또 다른 오늘이 바로 내일인가. 아니면 오늘의 절친이 내일인가. 바로 옆인지 앞인지에 있으니 아주 친한 사이라고 아니할 수 없다.

 오늘과 내일은 '태양과 달의 씨름으로 생기는 현상'이라고 누가 그랬다. 좀 더 정확하게 말하자면 지구와 달의 씨름으로 빚어진 현상이다. 태양은 붙박이장처럼 옴짝달싹하지 않기 때문이다.

 한창 젊었을 땐 하루해가 너무너무 길었었다. 공부하고 놀고 TV보고 라디오를 틀어 '밤을 잊은 그대에게~'를 들어도 자정을 넘기지 않는 시간이었다.

 하지만 회갑·진갑 지나고 7순을 눈앞에 두니 하루가 잠깐이다. 눈 비비고 일어나 밥 한술 먹고 동네 한 바퀴를 돌면 점심이요, 노인네들끼리 옹기종기 모여 앉아 장기나 바둑으로 잠시 소일하고 나면 석양이다. 그래서 '젊은이에겐 너무 멀고 노인에겐 너무 가까운 미래의 시간'이 내일인지도 모른다.

오늘은 언제나 변함없이 존재하지만 내일은 불확실하다. 그러하니 내일 지구의 종말이 올지라도 오늘 사과나무 한 그루를 심는 애절한 심정으로 살아야 하지 않겠는가.

기다려도 쉽게 오지 않는 청춘의 내일은, 세월이 지나 눈 몇 번 깜빡이면 하루해가 저무는 노년의 내일로 거침없이 변신한다.

그러므로 오늘의 청춘들은 밝은 내일을 위해 희망가를 불러야 한다. 그렇게 애국가를 부르듯 4절이 끝나면 환희와 감격의 은하수에 풍덩 빠져들지 않겠는가.

냄새

 인간은 스컹크와 닮지 않아 악취가 진동하는 냄새는 풍기지 않는다. 그저 평년작 수준의 냄새를 풍기고 말을 뿐이다.
 태어나서 제일 먼저 젖 냄새를 맡는다. 젖꼭지를 물고 있으면 세상천지가 모두 내 것이다. 그 무렵에 똥 냄새도 풍기는데 세파에 찌든 구린내가 아니고 달착지근한 단똥 냄새다.
 사춘기가 되어 이성에 눈뜰 때는 여자(남자) 냄새를 찾아나선다. 거의 동물적인 본능이라고 해야 할 것이다.
 스무 살 무렵엔 땀 냄새를 풍기는데 노동의 진가를 깨닫는 참 냄새이자 돈 냄새다.
 반세기 지나 내리막길로 들어서면 입 냄새와 몸 냄새가 등장한다. 그동안 헐레벌떡 살다 보니 중고품이 된 비릿한 냄새다. 구상유취요, 육신 악취다.
 회갑 지나 정년퇴직하고 나면 인생 허무를 부르짖으며 영감 냄새를 풍긴다. 손자나 손녀가 옆에 오지도 않는다. 서글프기 그지없다. 세뱃돈이나 용돈 줄 때만 살짝 안길 뿐이다.

그리고 칠순이 지나면 폐차장에서나 반길 고물 냄새를 풍기지 않던가. 급기야 회귀본능의 연어들처럼 기저귀를 찬 시절로 되돌아간다. 친자식들도 기저귀를 갈아주지 않는다. 어쩔 수 없이 요양원에 들어가 보호사들에게 의지해야 한다.

내리사랑이라고 저마다 자기 자식들 키우느라 한 달에 한 번도 들여다보지 않는다. 가끔씩 자신도 모르게 내뱉는 한숨 소리와 입 냄새와 똥 냄새를 풍기고 머금다가 냄새 없는 곳으로 영원히 안주한다.

인생은 냄새로 시작해서 냄새로 끝나는 단막극인가.

노동

 땀이나 생각 또는 웃음을 주고 돈을 받는 일이 노동이다. 순수 우리말의 '품'에 해당하는 노동은 생계를 위해 필수적이다.

 땀은 육체노동, 생각은 정신노동, 웃음은 감정노동에 비유된다. 육체노동자들은 건강한 신체와 왕성한 힘으로 생계를 유지하고 정신노동자들은 기획과 생산, 그리고 판매에 이르기까지의 체계적인 과정에 종사한다.

 또한 매장의 점원이나 콜센터 등에 종사하는 노동자들은 감정노동이 추가된다. 판매를 위해선 기분 나쁜 상황에서도 억지로 웃어야 하는 일이 포함되기 때문이다. 그래서 '고객은 청중이고 근로자는 배우이며 근로 환경은 무대이다.'고 정의한 바 있다.

 산업화 이후 노동절(5. 1)은 이미 130여 년 전부터 시행되어왔고, 우리나라에선 해방 이후부터 실시되었다. 그러다가 근로자의 날(1963)로 명칭을 바꾸었으나 아직까지도 혼용하고 있다. 이날은 관공서를 제외한 대부분의 업체에선 휴

일이다.

하지만 연중무휴의 가사 노동에 종사하는 할머니와 어머니와 아내와 딸은 무보수의 중노동에 시달리고 있다. 보상 차원에서라도 이날만큼은 할아버지와 아버지와 남편과 아들들이 스스로 앞장서야 하지 않을까?

구호에 그치고 있는 남녀평등의 자주권을 수호하기 위해서라도 말이다.

노동은 K. 막스가 주장한 노동가치설이나 북한의 노동당 규약 또는 민주노총이나 한국노총 등이 지향하는 방향과는 별개로 인류가 지구상에 등장한 이래 가장 신성한 가치로 인정받고 있기 때문이다.

노숙자

　노숙자(露宿者)는 길거리에서 자는 사람이 아니라 이슬 맞으며 자는 사람을 가리키는데 대부분 돈 때문이다. 어설픈 사업을 하다가 실패했거나, 인간관계와 정 때문에 보증을 잘못 서서 패가망신했거나, 능력의 한계로 돈벌이가 시원찮아 가장 노릇을 제대로 하지 못해서다. 그래서 서슬 퍼런 마누라 등쌀이 무섭기도 하고, 홧김에 도피처를 찾기 위한 방편이기도 하다.

　노숙자가 되면 방랑 삼천리를 하며 떠돌던 김삿갓(김병연)의 후예가 된다. 하지만 정처 없이 떠도는 노숙자보다는 이슬을 피해 서울역이나 영등포역 등 따스한 곳을 보금자리로 삼는 사람들이 많다. 민폐를 끼친다는 생각보다는 내 생명의 안식처가 더 중요하다고 생각해서겠지.

　노숙자에겐 내일이 없고 오로지 오늘만 존재한다. 구걸 또는 폐지나 빈 병을 수집하든지 해서 한 끼 식사와 한 잔

술에 어느 정도 취하면 그것으로 더욱 만족스럽게 생각하기 일쑤다. 그래도 노숙자로서의 양심을 지키자며 스스로 정한 3원칙이 있다. '양치질 잘하고 양말만은 꼭 빨아 신으며 공공장소에서 라면 끓여 먹지 말자.'는 것이다.

　노숙자들이여!

　이슬 맞고 사는 노숙자보다는 활짝 갠 햇볕 아래를 당당하게 걸어가는 활보자가 더 낫지 않겠는가. 지금부터라도 굳센 의지와 신념으로 빠삐용처럼 탈출하길 바란다.

농번기

 김치와 깍두기 반찬이 담긴 도시락 2개를 가방에 넣고 노란색으로 도배하다시피 한 24인승 미니버스에 올라탄다. 여명은 아직 햇살을 초대하지 않았건만 도심을 한 바퀴 돈 버스는 10여 명의 일꾼들을 태운 뒤 어촌마을로 향한다.
 한 시간 남짓을 달려가니 만조 시간인지 갯벌을 거의 덮어 큰 호수를 이루고 있고 저 멀리의 크고 작은 섬들이 병풍처럼 드리워져있다. 그 사이를 갈매기들이 평화롭게 노닐며 먹이 사냥을 한다. 거의 '지붕 없는 미술관' 수준이다. 잔잔한 바다는 물고기들을 빼앗기는 줄도 모른 채 갈매기들이 하루에도 수백 번씩이나 키스를 한다고 생각하는 것 같다.

 모두들 버스에서 내리자 70대 초반의 여사장이 소리친다.
 "여기서부터 고구마순을 심을 테니 한 고랑에 한 사람씩 들어가세요."
 이미 고구마순은 20cm 정도의 길이로 한 묶음씩 군데군데 놓여있다. 밭 주인이 새벽 일찍 작업 준비를 해놓았으리라. 고구마순은 볼록한 두둑에 15° 정도로 비스듬하게 심는다.

밭 주인과 여사장은 주심과 부심이 되어 감시 감독을 한다. 잠시 허리를 펼라치면 빨리 숙이라고 소리친다.

 그렇게 두 시간가량 지나 아침 8시가 넘으면 식사 시간이다. 각자 싸 온 도시락을 먹는데 30분간이다. 그리고 햇살이 내리쬐는 들판을 세 시간가량 헤집고 다니다 보면 햇살은 중천에 솟아올라 정오를 알린다. 때맞춰 여사장은 호루라기를 입에 물고 '호르륵 호르륵'하며 불어댄다.

 "이제 점심 먹고 합시다."

 오후 다섯 시가 되자 후반전을 마쳤고, 갈매기와의 기약 없는 재회를 약속한 채 황토색으로 변한 노란 미니버스에 몸을 싣는다. 이미 각자의 육신은 천근만근이지만 일당 15만 원을 손에 쥐자 절반쯤의 피로가 사라지는 것만 같다. 새벽 별 보면서 대문을 나섰다가 이제는 가로등 보면서 우리 집 골목길로 들어서리라.

 농번기의 하루는 그저 아무 일 없었다는 듯이 소리 없는 아우성을 지르며 지나가고 있다.

3부

ㄷ

다방	도우미	등대
달	도장	땀
대기소	돈	땅
대한 길	돌	땅굴
덫	등	

다방

 일제 강점기인 100여 년 전에 조선 호텔이 지어져 최고급 호텔 겸 다방의 기능을 하였다. 광복 이후에는 다방이 종합 예술의 장소로 활용되었는데 그림 전시회·문학의 밤·출판기념회·동창회·송별회 등이 열렸다.

 60~70년 대의 다방은 DJ(Disk Jockey)가 신청곡을 받아 음악을 틀어주는 낭만과, 날씬한 종업원이 패션모델처럼 몸매를 이리저리 흔들며 쟁반에 커피를 나르기도 했다.

 또한 TV 중계를 하는 소극장이기도 했다. 축구 국가 대표 경기나 복싱의 세계타이틀전이 열리는 날이면 다방의 32인치 TV는 스크린으로 변했다. 모든 테이블을 한쪽 편으로 밀쳐놓고 관중석 의자만 즐비하게 늘어놨다. 물론 입장료나 시청료를 따로 받지 않았다. 그저 차 한 잔 시켜 먹으면 그것으로 만사형통이었다.

 80년대엔 찻값 자율화로 종류도 많아지고 비싸졌으며 야간 통행금지 해제로 심야 다방이 많이 생겨났다. 그리고 90년대에 들어서자 자판기 보급과 고급 커피 전문점 증가로 인해 다방은 내리막길을 걷게 되었다.

새천년 들어서는 스타벅스를 비롯한 커피 전문점들이 우후죽순처럼 생겨나 서민들의 밥 한 끼와 커피 한 잔 값이 비슷한 수준에 와 있다.

힘들게 약속한 뒤 커피 한 잔 시켜놓고 출입구가 바로 보이는 의자에 앉아 그녀가 오기만을 초조하게 기다렸던 그 옛날 아련한 추억 속의 다방이 그리워지기도 한다.

달

달은 반세기 남짓 전에 아폴로 11호가 착륙(1969)하기 전까지는 신비의 별이었다. 그래서 반달을 보곤 동요를 지었고, 보름달을 보곤 이태백이 놀던 달타령을 탄생시켰다. 계수나무와 토끼가 살았고 언덕배기에서 훌쩍 뛰면 잡힐 듯한 달동네도 생겨났다.

임 향한 일편단심을 부르짖었고 정월대보름과 한가위 등 소중한 명절도 맞이하게 되었다. 또한 도심 속 달동네에서 보름달을 벗 삼아 어머니와 순이 등 고향 생각을 하며 객지 생활의 설움을 달래기도 했다.

하지만 달엔 물도 없고 공기도 없다. 계수나무와 토끼가 살고 있을 리가 만무하다. 지구가 태양을 도는 데 비해 달은 오로지 지구를 왕처럼 떠받들며 빙빙 돈다. 그러니까 태양이 발주처라면 지구는 원청업체이고, 달은 지구의 하청업체인 셈이다. 그래서 바닷물의 밀물(만조)과 썰물(간조)은 달의 인력으로 인해 생긴 현상이다. 따라서 어부들의 고기잡이는 물론 명절과 생일 등을 음력으로 지냈다.

따져보면 지구촌과 달과는 형제 같은 아주 가까운 사이인 반면에 태양과는 이웃사촌이나 사돈 같은 거리감이 느껴진다. 엄마 젖가슴같이 포근하고 달달한 달은 아무런 부담 없이 바라볼 수 있지만, 용광로에서 이글거리는 듯한 태양은 두 눈을 찡그려야만 볼 수 있다.

둥그런 보름달이 뜬 오늘 밤엔 마누라와 함께 뒷동산에 올라 멋진 달맞이를 하며 연애 시절을 추억해 보련다.

대기소

 '새벽을 여는 사람들'이란 별칭의 사나이들이 하나둘 근로자 대기소로 모여든다. 잠시 후 여섯 시가 넘자 십여 명이 서로 '형님! 아우!' 하면서 인사하기에 바쁘다. 그 후 대기소 앞 인도를 서성이며 각자의 상념에 젖어드는 사이에 전화통이 울려댄다. 건설 현장에서의 인력 지원 요청 전화다. 대기소장은 나름대로 분류한 전문 인력들을 지정해서 일일 근로 파견을 보낸다. 인사명령 대신 10%의 소개비를 받고서 말이다.

 중년과 청년이 로또에 당첨된 행운의 사나이가 되어 시내버스를 타고 목적지에 도착하자마자 작업복으로 갈아입은 뒤 1일 전쟁을 치른다. 아파트 외벽에 설치된 간이 엘리베이터인 호이스트에 모래와 벽돌을 싣고 꼭대기 층에 도착하면 '덜컹!'하고 도착 성명을 발표한다. 조심스럽게 문을 열고 발판을 내려 베란다와 연결시킨다. 발아래엔 천 길 만 길의 낭떠러지가 금세 친구하자는 것만 같다. 염라대왕과 벗하며 택배 서비스를 마친 후 1층까지 내려오는데 간이 콩알만 해진다. 그렇게 열일곱 번을 왕복하면서 하루 일과를 마무리한다.

한낮의 뜨거운 태양이 조금 누그러져 작고 환한 미소를 짓는다. 더불어 일당 15만 원을 손에 쥔 두 사나이도 배시시 미소 짓는 것만 같다.

귀가하는 시내버스 속에서 중년의 사나이는 처자식 얼굴을 차창에 그려보고, 청년의 사나이는 병상에 누워 계신 어머니의 얼굴을 그려본다.

삶이 곧 인생 대기소 같은 느낌이다.

대한 길

반만년의 유구한 역사를 지닌 우리 대한민국이 새천년 들어서서 4반세기가 지나자 혼돈의 늪에 빠져 허우적대고 있다. 거의 난파되기 직전의 상황이나 다름없다.

얼마 전까지만 해도 대통령을 비롯한 입법·행정·사법부의 고위관료들은 줄서기와 서로 간의 반목으로 얼룩진 채 나눠 먹기식의 권력 투쟁으로 날 지새는 줄 몰랐었다. 도대체가 국민을 위한 정부인지 국민 위에 군림하기 위한 정부인지도 묻지 않을 수 없다.

따라서 공복들이 가야 할 길에 대해 몇 가지 당부를 하고자 한다.

첫째, 입법부다.

손바닥만 한 땅덩어리에 인구 17만 명을 대변하는 300명의 국회의원 숫자는 너무 많다(선진국인 미국은 인구 60만 명당 한 명꼴이다). 숫자가 많다 보니 할 일을 제대로 하지 않으면서 끼리끼리 모여 삿대질과 불협화음으로 하루 일과를 보내기 일쑤다.

따라서 비례대표제를 폐지하고 의원 숫자를 150명 선으로 줄여야 한다. 또한 면책 특권이나 불체포 특권을 삭제하고 3선까지만 허용하되 출마 연령을 70세까지로 제한해야 마땅하다. 물이 고이면 썩기 마련이다.

둘째, 행정부다.

대통령 5년 단임제는 문제점이 많으니 4년 중임제가 바람직하다. 그리고 전문성을 겸비한 인재를 장관이나 단체장으로 임명하고 낙하산 인사를 근절해야 한다.

행정기관의 모든 공직자는 『명심보감』을 공통 필독서로 읽고 실천해야 한다. 백성 사랑하기를 처자식같이 하며 나랏일 처리하기를 내 집안일처럼만 하면 되는 것이다.

셋째, 사법부다.

물이 자연스럽게 흘러가듯 법을 다스리는 데 있어서 항상 정의의 칼로 형평의 원칙에 맞게 적용해야 한다. 그러나 우리나라의 법 적용은 돈과 힘 있는 자들을 위해 존재하는 것이 대부분이다. 다시 말해서 '권력의 시녀'와 '유전무죄 무전유죄'의 원칙을 적용하는 것이다. 그러므로 이 두 낱말만 사라지게 하면 된다. 또한 전관예우 등 비합리적이고 부조리한 현상을 근본적으로 발본색원해야 한다.

다소 늦었지만 지금부터라도 정신 바짝 가다듬고 후손들을 위한 밝은 대한민국을 건설하여 자랑스럽게 물려 주었으면 하는 바람이 간절하다.

덫

 반세기 남짓 전만 하더라도 쥐들의 천국이라고 할 정도로 창궐하였다. 오죽하면 초등학교 숙제로 쥐꼬리 다섯 개를 제출하라고 했을까?
 농부들은 하는 수 없이 미끼와 함께 쥐덫을 놓는데 하루에도 한두 마리씩 잡혔다.
 그러면 쇠고기 맛과 비슷한 쥐불고기는 쇠고기로 둔갑하여 어린 자식들의 간식거리였고, 꼬리는 비닐봉투에 담아 숙제용으로 쓰였다.

 하숙하던 고등학교 시절의 겨울방학 무렵이 되면 주말을 맞아 동네 야산으로 토끼몰이를 갔다. 하숙집 주인아저씨가 능선을 따라 그물 덫을 치고, 나를 포함한 여러 또래들은 좌우 능선 아래로 내려가 일정한 간격으로 벌려 '우~우~!' 하는 소리와 함께 능선 위쪽으로 어슬렁어슬렁 기어 올라갔다. 그러면 꼭 한두 마리의 토끼들이 덫에 걸렸고 장소를 옮겨 여러 차례 토끼몰이를 하면 네댓 마리가 잡혔다.
 우리는 한두 마리 값 정도의 용돈을 노동의 대가로 받

았고 분식집으로 향했는데 아직도 아름다운 추억으로 남아있다.

 결혼 적령기가 되면 콩깍지가 씌어 사랑의 덫에 걸린 후 평생 올가미 신세를 면치 못하지만, 한편으론 행복한 덫이라고 자위하며 그럭저럭 잘 살아가기도 한다.
 중년이 되어 달콤한 동업의 유혹에 빠져 재산을 탕진하기도 하고 야산으로 버섯이나 인삼 채취를 하러 갔다가 낙엽 속의 덫에 걸려 허우적대기도 한다. 그러다 보면 어느새 백발의 산등성이가 저만치 다가와 붉은 저녁놀과 함께 노닐자고 올가미를 씌우려 한다.
 그렇게 덧없는 세월은 눈에 잘 띄지 않는 세월의 덫에 걸려 안간힘을 쓰며 발버둥 치고 있는 것처럼 보인다.

도우미

 가난했던 옛날 옛적부터 남의 집에서 먹고 자면서 일하는 사람들이 있었다. 남자는 머슴살이라 칭했고 여자는 식모살이라 불렀다.
 그러다가 30여 년 전, 대전엑스포('93) 행사를 할 때 '도우미'란 신조어가 탄생했다.
 '도움을 주는 대한민국 미인'이란 뜻의 자원봉사자를 가리킨다. 이때부터 서서히 가사·산후·상조(장례)·육아·간병·노래·주차 등 도우미 전성시대가 도래했다.

 도우미는 결코 예사롭지 않은 직업이다. 어느 분야에서든지 결코 쉽지 않고 때론 수료증을 취득해야 하는 경우도 있다. 그래서 그런 직종에 종사하려면 고뇌에 찬 결단을 해야만 한다.
 그런 도우미가 새천년이 밝은 후론 내비게이션을 '길 도우미'라 하고, 노인들과 함께하는 '말벗 도우미' 등 모든 분야에서 도우미란 말이 보편화되었다. 약방의 감초처럼 해당 분야에 '도우미'란 말을 끼워 넣기만 하면 된다.

나 역시 여러 가지의 도우미를 자발적으로 실천하고 있다. 설거지·청소·빨래·정리정돈·길 안내·세차 등 10여 가지는 족히 될 것이다. 아마도 당분간은 도우미 숫자가 점점 늘어나다가 하향곡선을 그리면서 소멸 단계에 이르면 역으로 도우미들에게 의지해야 하지 않을까 생각된다.

도우미는 주거니 받거니 하면서 물레방아 돌 듯 세월과 함께 유유자적하리라.

도장

 수심 2m인 사랑의 옹달샘에 빠진 젊은 커플이 허우적대기 시작했다. 그래서 날이면 날마다 '사랑가'를 읊어댔다. 서로 엄지손가락 내밀어 도장 찍고 인쇄·복사까지 하면서 지금의 사랑이 평생 지속될 것처럼 호들갑을 떨었다.
 그러다가 1년이 채 지나기도 전에 연인에서 웬수로 변해 금방 들끓던 냄비 사랑은 싸늘하게 식어 마지막 잔금 치르듯 마침표를 찍고 말았다.
 친구의 창업 자금 준비차 보증 부탁을 받은 남편이, 마누라와는 일언반구의 상의도 없이 덜컥 인감도장을 찍고 말았다. 이를테면 연대보증이다. 그로부터 3년이 채 지나기도 전에 친구의 사업은 곤두박질쳐서 빚보증을 섰던 남편의 재산에 압류딱지가 붙었다. 마누라가 대성통곡을 하며 이혼하자고 요구하자 사면초가에 몰렸다. 남편은 '마누라는 빌려줘도 빚보증은 서지 말라.'는 교훈을 곱씹으며 쐬주잔으로 울분과 회한을 달래야만 했다.

직장이나 사회생활 하면서 눈도장을 찍기도 한다. 그 현장에 나도 함께했음을 알리거나 조직의 성실한 구성원임을 상사에게 알리는 마법의 도장이다.

도장!
법원이나 관공서 부근에 가야만 띄엄띄엄 도장 파는 집이 있을 정도로 희귀하다. 아니, 서명으로 대신하니 도장업이 사양업인 것만은 분명하다. 그러하니 도장 찍을 일도 별로 없지만 보증을 서주는 인감도장만큼은 심사숙고하길 바란다. 여차하면 집도 절도 없는 노숙자 신세를 면치 못하리라.
도장은 회사 내에서 결재용으로 쓰는 것만으로도 충분하지 않은가. 루즈 닮은 인주를 잘못 묻히다가 시뻘건 불길에 휩싸이는 건 시간문제다. '조심 조심 인주 조심'할지어다.

돈

 돈은 물건을 사고 파는 데 쓰이고 부의 척도를 따지는 가늠자 역할을 한다. 누군가 '돈을 가지고 두드리면 문은 저절로 열리고 돈이 말하면 모든 진실이 일제히 침묵한다. 돈은 최선의 종이자 최악의 주인이다.'라고 했다.

 우리나라 돈엔 지폐가 네 종류, 동전이 여섯 종류가 있다. 최고 지폐인 5만 원권엔 율곡의 어머니인 신사임당이, 만 원권엔 한글 창제의 주역인 세종대왕이, 5천 원권엔 율곡 이이가, 1천 원권엔 퇴계 이황이 그려져 있다. 지폐를 모두 합하면 6만 6천 원이다.

 한편, 최고 동전인 500원짜리에는 고고한 학이, 100원짜리에는 조선을 구한 이순신 장군이, 50원짜리에는 주식인 벼 이삭이, 10원짜리에는 국보 20호인 다보탑이, 5원짜리에는 임진왜란 시 대활약을 했던 거북선이, 1원짜리에는 우리 국화인 무궁화가 그려져 있다. 동전을 모두 합하면 666원이다.

지폐와 동전을 모두 합하면 66,666원이다. 6을 완전수라 부르는데 다섯 개의 완전수가 합쳐진 완전한 금액이다.

돈!

'많으면 금수강산이고 없으면 적막강산!'이라고 누가 말했나. 천당과 지옥을 오가는 마법 같은 존재다.

돌

 돌의 용도는 매우 다양하다. 칼이나 도끼 등의 연장을 만들어 썼고, 돌담이나 돌기둥의 주재료로 쓰였다. 만리장성을 비롯한 모든 산성은 거대한 돌들로 쌓았다.
 이집트 왕의 무덤인 피라미드는 200만 개 정도의 돌로 쌓아 올렸는데, 한 개의 무게가 1톤 전후라고 하니 상상이 되질 않는다.
 돌은 무기로도 쓰였다. 임진왜란 시 행주산성을 지키던 권율 장군은 3천 명의 군사로 3만 명의 일본군을 크게 무찔렀다. 이때 당시 부녀자들은 치마를 절반으로 찢어서 돌을 날라 투석전을 도왔다. 핫팬티는 그때 생겨나지 않았을까?
 이스라엘 왕국의 2대 왕이었던 다윗은 젊은 시절에 거인 골리앗을 돌로 쳐 죽이고 수많은 전공을 쌓아 초대 사울왕의 뒤를 이어 권좌에 올랐다. 양치기 소년에서 승승장구하여 최고 지도자가 된 것이다.

돌이 사람 사는 세상과의 깊은 연관성 때문에 속담도 많다. '모난 돌이 정 맞는다.'거나 '오뉴월 장마에 돌들도 큰다.' 또는 '돌도 십 년을 보고 있으면 구멍이 뚫린다.'고 했다. 굴러온 돌이 박힌 돌을 빼내기도 하고, 돌을 들어 제 발등을 찍기도 한다. '돌멩이 세 개를 그럴듯하게 쌓으면 탑이 된다.'고 했다.

또한 돌은 부처·고래·다리·침대가 될 수 있는 다양한 기능을 보유하고 있다.

각자의 돌로 저마다의 능력과 스타일에 맞춰 열심히 갈고 닦거나 부지런히 쌓다 보면 다보탑이나 석가탑 못지않은 금자탑이 되지 않을까?

등

 사람이나 동물의 몸통에서 가슴과 배의 반대쪽 부분이 등이다. 우리 사람의 등은 머리뼈 아래에서 엉덩이 부위까지 33개의 뼈가 이어져 있는데, 목뼈 7개·등뼈 12개·허리뼈와 엉치뼈가 각각 5개·꼬리뼈 4개로 구성되어 있다.
 이 등뼈는 서서 걷고 자연스럽게 활동할 수 있도록 지탱해 준다. 굳이 건물로 비유하자면 철근이나 콘크리트라고 할 수 있다.

 육체노동을 열심히 하던 아버지가 회갑을 넘기자 등이 활처럼 휘어지고 말았다. 철없는 아들은 그런 아버지의 등골마저 빼먹으려고 혈안이 되어 있다. 그러다가 어느 날 우연히 부자(父子)가 함께 대중목욕탕에 갔는데 아버지의 굽은 등을 보고 소리 없이 흐느꼈다. 대오각성한 아들은 그때부터 새 삶을 살면서 효자로 변신했다.

복싱 등 격투기 경기에서 등을 돌리면 곧 패배를 의미한다. 말 못 하는 짐승들 세계에서도 이 원칙이 적용된다. 그러면 승자는 아량을 베풀기도 하지만 아예 씨를 말리는 경우도 있다.

고려나 조선시대 때에도 임금이나 정부의 등 뒤에 비수를 꽂으면 3족이나 9족을 멸했다. 백성들을 보살피기 위한 정치가 아니라 착취와 군림의 정치를 하기 때문에 굶주리고 헐벗은 백성들이 최후의 저항을 하는데도 말이다. 어찌 보면 지금의 대한민국 정치판이나 다름없다.

등이 아름다운 건 모든 걸 미련 없이 벗어 던지고 말없이 떠나는 뒷모습을 보일 때가 아닌가 생각되기도 한다.

등대

 등대는 번개가 치고 천둥소리가 들려도 끄떡하지 않는다. 거센 파도와 폭풍우가 몰아쳐도 그냥 웃어넘기며 그 자리에 묵묵히 서 있을 뿐이다.
 거기에서 일하는 등대지기는 고독을 곱씹으며 자신과의 처절한 사투를 벌인다. 오로지 불빛과 장비가 정상적으로 작동하는지에만 관심이 있을 뿐, 태풍이나 해일이 닥쳐도 등대와 생사를 함께 하겠다는 신념 하나로 버티면서 일한다. 자신이 '항로표지 관리원'이란 그럴듯하고 거창한 직책도 잊은 채 오직 등대만을 지키려는 등대지기에 만족하며 하루하루를 보낸다.

 세계 최초의 등대는 BC 280년경 지중해 알렉산드리아 항의 팔로스 섬에 세워졌었다. 우리나라에선 1903년에 세워진 인천 팔미도 등대가 최초다. 이 팔미도 등대는 인천상륙작전(50. 9. 15) 시 자정 무렵부터 등불을 밝혀 수백 척의 연합군 함정들이 팔미도 해역에 집결한 후 연합작전을 성공적으로 완수하는 데 기여하였다.

등대는 백색과 적색이 있는데, 하얀 등대는 항로 오른쪽에 설치되어서 항구가 왼쪽에 있다는 것을 알려주고, 빨간 등대는 항로 왼쪽에 버티고 있으면서 항구가 오른쪽에 있다는 사실을 알려준다.

등대는 바닷길은 물론이고 인생길의 이정표 같은 역할도 한다.

땀

 사람의 땀구멍은 대략 450만 개 정도다. 이 중 온대 지방인 우리나라 사람들은 230만 개 정도가, 한대 지방에 사는 에스키모인들은 140만 개 정도가 활동한다. 동남아 등 열대 지방에 사는 사람들은 우리보다 훨씬 많겠지?

 땀의 대표 주자는 당연히 농부가 아닐까?
 새벽부터 재 너머 논에 가선 물꼬를 터주고 피도 뽑아준다. 밭에 가서는 자갈을 줍고 허물어진 밭 길를 손본다. 낮엔 농약도 뿌려야 하고 텃밭도 일궈야 한다. 이러하니 부지런하게 땀 흘리는 당이 있다면 농부가 당 대표를 해야 하리라.
 밥·빨래·청소·호미질 등으로 분주한 가정주부 또한 부대표 정도 되지 않겠는가. 우리 주변엔 건설 현장 노동자, 자영업자, 운동선수 등 땀 흘리는 사람들이 많은데 모두들 고귀한 노동의 결정체를 벗삼아 살아간다.

속담에 '땀 흘린 밭에 풍년 들고, 피 흘린 곳에 기와집 짓는다.'고 했다. 그런가 하면 '땀 흘리지 않는 자는 먹지도 말라.'고 주문했던가.

부지런한 사람들만이 땀 흘릴 줄 알고, 게으른 사람들은 땀을 두려워한다.

수백만 개의 땀샘은 열심히 노력하는 사람이 흘린 진솔한 땀을 먹으면서 살아가는지도 모른다.

땅

 태초에 사람이 살 때는 무소유의 땅이었다. 그저 막대기나 밧줄로 대충 표시해 놓고 내가 농사짓는 땅이라고 주장하면 그만이었다. 등기소는커녕 집문서조차도 없었다. 등기부등본이란 말은 외계인이나 쓰는 말처럼 들렸다. 그러다가 이해관계에 얽혀 다툼과 분쟁의 소지가 있다 보니 소유권을 명확하게 하고자 등기소가 생겨났다.

 동물들은 땅 지키기 전쟁을 한다. 문서 없이 소변을 찔끔찔끔 흘리며 소유권 영역임을 알리고 내 구역이니 침범하지 말라고 경고한다.
 식물들은 어떠한가. 꽃이나 나무· 오곡백과 등은 제자리에서 뿌린 대로 자란다. 주인의 발자국 소리나 지극정성을 먹고 무럭무럭 자란다. 자연의 섭리에 순응하면서 꽃과 열매를 맺을 뿐 더 이상 욕심부리지 않는다.

땅이 땅땅거리는 소리를 내는 건 인간 세계일 뿐이다. 축구장 넓이를 가진 자는 헛기침하면서 땅땅거리고, 골프장 넓이를 가진 인간은 목에 힘준 채 땅땅땅 하면서 안하무인 격 행보를 보인다.

 아무런 사심 없이 땅땅거리는 사람은 재판정에서 법과 정의의 심판을 내리는 검·판사다. 하지만 거기도 줄서기와 부패의 먹이사슬이 존재해서 뿌연 구정물로 변할 때가 많다.

 피와 땀으로 정직하게 일군 농부만이 호탕하게 큰소리치며 땅땅거린다.

땅굴

20~30cm 깊이의 땅속에 사는 두더지는 삽 모양의 앞발로 땅굴을 파듯 전진하면서 지렁이나 곤충의 애벌레를 잡아먹고 산다. 눈은 퇴화하여 매우 작고 앞이 보이지 않는 반면 귀와 코가 예민하여 먹이를 잘 찾아낸다.

너구리는 땅속에 사통팔달의 굴들을 파놓고 온 식구가 단란하게 살아간다. 그러다가 음흉한 여우를 만나면 감히 대적하지 못하고 일가족이 피난길에 오른다. 계약금은커녕 중개수수료도 내지 않고 지하 저택을 장만한 여우는 고리사채업자보다 더 악랄한 부동산 갈취범인 셈이다.

석탄을 캐는 광부는 지하 100m가 넘는 막장에서 일한다. 두더지처럼 삽질해서 레일 위의 큰 통에 가득 담아 밀어서 내보낸다. 자연스럽게 시커먼 석탄을 연지곤지 찍듯 하면서 땀을 뻘뻘 흘린다.

그러다가 갱도가 무너지면 그대로 이승과의 작별이다. 그래도 먹여 살려야 할 식구들이 있기에 목숨을 담보한 채 오늘도 인조 땅굴인 지하 갱도에서 삶과의 처절한 승부를 펼친다.

 서민들은 땅굴 같은 반지하 셋방에서 삶과의 전쟁을 치르고, 돈 많은 부자는 지하 갱도를 만들어 놓고 피신용으로 대비한다.

 보편적으로 땅굴이 좋은 점은 음식이나 물을 냉장고 대신 안전하고 시원하게 보관할 수 있다는 점이 아닐까?

4부

ㄹ

라면 로맨스 릴레이
랑데부 로봇

라면

 국수를 증기로 익히고 기름에 튀겨서 말린 즉석식품이 라면이다. 라면은 중국의 납면(끌어당겨 만든 면)이 일본으로 전해져 라멘이 되었고, 우리나라로 건너와 라면이 됐다.
 최초의 라면은 1963년에 출시한 삼양 라면인데 정부의 혼·분식 장려정책으로 잘 팔려나갔다. 그 후 농심·오뚜기 등의 라면이 출시되어 3파전 양상을 띠고 있다. 간편식의 대명사인 라면은 값싸고 조리하기 쉬워 제2의 식량으로 불린다.
 오래전, 군대에서 '도피 및 탈출'이란 야외훈련을 받았었다.
 다섯 개씩 들어있는 라면 두 봉지만 휴대한 채 며칠 동안 산과 들을 헤매면서 임무를 수행하는 훈련이다.
 낮엔 으슥한 곳에서 라면 봉지를 솥단지 삼아 대충 끓여 먹기도 하고 밤엔 생라면을 스프에 찍어 어물어물 삼키기도 했다. 그 당시에는 컵라면 보급이 되지 않아서 불가피한 선택이었는데도 엄청나게 맛이 좋았다.

라면 박스를 비롯한 박스류와 폐신문들을 수거하러 다니는 할머니나 할아버지가 하루 종일 돌아다니면 7~8천 원 정도의 수입을 올린다. 그 돈으로 대부분 라면을 사는데 다섯 봉지에 4천 원 정도 한다. 봉지당 800원꼴이다. 그러니까 사흘분의 식량을 확보한 셈이다.

 폐지를 수거하러 다녀야만 하는 사연일랑 다양하겠지만, 새벽이나 저녁 늦게 카트나 리어카를 끌고 돌아다니는 연로하신 분들을 만날 때마다 괜히 죄지은 느낌이 들고 가슴이 먹먹해지곤 한다. 그렇게 생계를 이어나가는 일이 꼬불꼬불한 라면 가닥처럼 말 못 할 우여곡절의 사연이 있겠지?

 전쟁은 총칼을 든 전선에서만의 일이 아닌 모양이다.

랑데부

프랑스어인 랑데부(rendez-vous)는 두 가지 뜻이 있다. 하나는 인공위성이나 우주선이 우주 공간에서 만나는 일을 말한다. 다른 하나는 특정한 시간과 장소를 정해서 하는 밀회를 가리키는데 특히 남녀 간의 만남을 의미한다.

미국의 우주 탐사선인 아폴로 11호가 달에 착륙(1969)하였다. 플로리다에서 로켓이 발사된 후 지구 궤도를 한 바퀴 반 돈 다음에 우주선을 밀어서 달로 가는 궤도로 진입시켰다. 그리고 아폴로 사령선이 분리되어 달 착륙선과 합체했다. 우주 공간에서의 랑데부다. 그래서 '고요의 바다'로 불리는 달의 표면에 착륙했고 선장인 닐 암스트롱이 서서히 트랩을 내려갔다. 이 역사적인 사실은 반세기도 훌쩍 넘은 때의 일이었다.

다정한 연인끼리 프로야구 경기를 보러 갔다. 열띤 응원에도 불구하고 홈구장 팀이 뒤지고 있다가 9회 말에 랑데부 홈런을 쏘아 올려 역전승했다. 연속 타자 홈런을 뜻하는데 백투백 홈런이라고도 한다. 연인은 환희의 승리를 기념하기 위해 은밀한 곳으로 이동하여 둘만의 랑데부를 즐겼다.

  랑데부는 지구든 우주 공간이든 기쁘게 즐기는 만족스러운 일인가보다.

로맨스

로맨스(romance)는 라틴어의 방언으로 '하찮은 글'이라는 의미였다. 이후 기사들의 모험이 주를 이루는 연애담이나 무용담 혹은 연애무용담을 뜻하였다. '로망'이라는 말이 유럽에서 '소설'의 의미로 사용되는 것도 여기에서 유래한다.

젊은 청춘 남녀가 처음 만나 수줍게 커피를 마시더니 함께 밥도 먹고 영화도 보면서 점점 가까워진다. 그러다가 손도 잡고 입맞춤도 하면서 환상의 로맨스에 빠져든다. 어쩌다가 애정이 싸늘하게 냉각되어 웬수 비슷한 남남이 되기도 하지만, 대부분 한 지붕 한 가족이 되어 반세기 전후의 로맨스를 즐긴다. 때론 중년이 되어 또 다른 파트너와 짧은 로맨스를 즐기기도 한다.

정치판의 상투적인 용어 중에 '내로남불'이 있다. '내가 하면 로맨스요, 남이 하면 불륜'이라는 뜻인데, 서로 자기 허물이나 잘못은 뒤로 한 채 상대방 탓만 하는 아전인수격인 구린내 나고 식상한 용어다(어찌 보면 그들에겐 '내불남로'가 더

어울리는 용어 같기도 하다). 이를 바라보고 있는 대다수 백성은 여·야 모두 젖비린내나는 수준 이하의 꾼들이라고 생각한다.

아마 대한민국에서 가장 부패한 집단이 국회의사당을 비롯한 정치판이 아닐까! 하지만 그들은 백성들을 하인 다루듯 가르치려고만 한다. 거친 세파를 헤치며 꿋꿋하게 살아온 백전노장들을 상대로 로맨스를 즐기려는 수준 이하의 꾼들이다. 적반하장도 유분수다.

로맨스는 백성들이 가련하고 측은한 정치꾼들을 대하는 애정 스킨십인지도 모른다.

로봇

　로봇(robot)은 산업 현장에서 사람 대신 일을 한다. 자연스레 제3의 인간으로서 사람들의 일자리를 빼앗는 신인류이기도 하다. 로봇은 사람에 의해 만들고 조작되며 일정 공간만을 사용하기 때문에 허수아비라는 의미로도 쓰인다. 바지사장이 대표적인데 회사뿐만 아니라 모든 조직의 실제 우두머리는 따로 있고 그가 지시하는 대로 행동하는 허수아비 같은 존재를 가리킨다. 들판에 세워진 허수아비는 참새들을 쫓기 위한 농부의 애타는 심정이 담긴 로봇이 아닌가.

　20세기의 로봇이 구시대적인 땜질용 역할을 했다면 21세기에 들어서는 상당한 수준의 인공지능(AI)이 활개 치고 있다. 인간의 지능이 가지는 학습·추리·적응·논증 따위의 기능을 갖춘 컴퓨터 시스템을 말한다. 이는 자연 언어의 이해, 음성 번역, 로봇 공학, 학습과 지식 획득, 인지 과학 등에 응용된다.

과학이나 시스템이 발달하여 사람 사는 세상이 더 편리해 지는 반면, 문명의 발달이 인간을 기계의 노예로 전락시켜 점점 삭막해지는 느낌마저 들기도 한다. 남은 삶을 마누라의 충직한 로봇으로 살다 가면 그만 아니겠는가!

릴레이

 조를 이룬 여러 선수가 일정한 거리를 서로 교대하며 이어 달리는 것이 릴레이다. 육상·수영·빙상 등의 경기 종목인데 개인적인 실력도 중요하지만 단합된 호흡이 더 중요하다.
 가야 할 길이 어긋나거나 바통 터치를 잘못하면 꼴찌 내지는 낙오자로 전락하기 때문이다.

 함께 살아가는 세상엔 수없이 많은 릴레이가 활성화되어 있다. 판도라의 상자처럼 희망 릴레이가 계속되는가 하면 고래의 춤 선생인 칭찬 릴레이를 이어가기도 한다. 최고의 권위를 자랑하는 건강, 만병통치약인 웃음, 난관을 극복한 성공이나 합격 등등 여러 분야의 릴레이가 이어지고 있다.
 릴레이는 경기장뿐만 아니라 사람 사는 거친 벌판에서도 여전히 존재하는데 희비의 쌍곡선을 그리며 부침을 거듭하고 있다.

5부

ㅁ

만원	모자	미끼
맥	무릎	미로
머슴살이	무기	미인
명태	물	미화원

만 원

 만 원짜리 지폐엔 근엄하신 세종대왕이 그려져 있다. 우리가 쓰는 한글을 만드신 분인데 600년 가까이 책 속에만 있다가 반세기 전에 우리들의 주머니 속으로 다시 부활하였다. 만 원짜리가 탄생하던 그 시절엔 눈깔사탕이 10원 정도였다. 만 원으로 커다란 사탕을 무려 1천 개나 살 수 있었다. 21세기가 열린 후 강산이 두 번 변한 요즘의 만 원 가치는 어떠한가. 시내버스를 여섯 번 타고 라면 열세 봉지를 사며 붕어빵 열다섯 개를 살 수 있다. 하지만 서민들은 그 만 원을 벌기 위해 땀 뻘뻘 흘리며 1시간 동안 일해야 한다.
 그러다가 율곡의 어머니인 신사임당이 16년 전(2009)에 오만 원권을 들고 나타나셨다. 세종대왕보다 무려 5배의 무게감을 지닌 채 말이다. 여성상위시대의 아이콘인가? 특히 그녀의 아들인 율곡 이이가 이미 오천 원권에 등장(1983)했기에 모자지간의 영예를 안게 되었다.
 그러나 그 오만 원권의 유통이 잘 안 된다고 한다. 부잣집 금고 속으로 많이 들어가 있기 때문이다. 비자금으로 변신하여 청탁 대기용인지, 이미 뇌물로 받은 치부용인지는 알

길이 없다. 만 원권이 아닌 오만 원권의 만원사례다. 수표나 계좌로 자금이 이동하면 금세 들통나기 때문에 신사임당이 물밑 거래의 대표 로비스트로 둔갑한 것이리라.

 돈의 가치도 점점 하락하여 만 원쯤이야 푼돈에 지나지 않는다. 탁하면 억이고 툭하면 조다. 뚝딱하면 경인 세상이 머지않아 보인다.
 '버는 것은 기술'이지만 '쓰는 것은 예술'이란 말도 있다. 정정당당하게 벌어서 좀 더 윤택하게 쓰고 여유로우면 주변의 불우 이웃에게 조금이나마 베풀면서 사는 것이 어떠하랴. 세종대왕이나 신사임당 모자도 저 높은 곳에서 뿌듯한 마음으로 지켜보며 응원의 박수를 보내리라.

맥

맥에는 인맥·혈맥·숙맥·치맥 등이 있다.

인맥은 정계·재계·학계 등에서 형성된 사람들의 유대관계를 말한다. 지연·학연·혈연과 직장 또는 단체의 소속 등이 작용한다. 인맥 중에 티슈 인맥이라는 게 있다. 쓰고 버리는 티슈처럼 내가 필요할 때만 소통하는 일회성 인간관계를 의미하는 신조어인데 대일밴드형과도 일맥상통한다.

혈맥은 같은 핏줄의 계통이나 부모와 자식을 이어주는 핏줄을 가리킨다. 하지만 '돈은 피보다 진하다.'는 현상이 팽배해지면서 혈맥의 사분오열을 빚기도 한다. 또한 돌파리 한의사들처럼 맥도 모른 채 침통 흔드는 해프닝을 연출하기도 한다.

숙맥은 콩과 보리를 아우르는 말인데 사리분별을 못하고 세상 물정에 어두운 사람을 뜻하기도 한다. 그래서 '꿔다 놓은 보릿자루'라는 말이 생겨났을까?

치맥은 치킨과 맥주의 합성어인데 주말을 맞이하여 호프집에 가서 주중의 피로를 풀기도 하고 붉은 악마인 태극 전사들이 활개치는 축구 경기를 응원하면서 즐기기도 한다.

인맥은 살아가는 데 중요하지만 편법이나 오·남용은 비리와 부작용을 낳는다. 혈맥 또한 건강한 삶을 위해 필수적이지만 자칫 잘못하면 역류 현상이 빚어진다. 숙맥·치맥 등도 맥의 보조 역할을 하지만 어리석음과 과유불급 등으로 문제를 야기하기 십상이다.

맥은 인체의 심장 같은 중요한 역할을 하는데, 잘못 사용하거나 훼손하게 되면 맥없이 무너지고 말지니 더욱 유의해야 한다.

머슴살이

머슴은 1년분 세경(연봉)에 따라 상머슴·중머슴·애기머슴으로 나뉜다. 연봉으로 쌀 10가마 이상을 받으면 상머슴이고, 6~9 가마를 받으면 중머슴, 그 이하면 애기머슴이라 칭한다.

6·25 전쟁이 막을 내린 후 군 복무를 마친 청년은 머슴살이를 시작했다. 어려운 집안 형편을 익히 알고 있는지라 스스로 선택한 궁여지책이었다. 청년 머슴은 닥치는 대로 열심히 일했고, 고용주로부터 인정을 받아 상머슴이 되었다. 그래서 5년 동안 꾸준히 모은 돈으로 조촐한 결혼식을 올렸고, 단칸방을 얻어 신혼살림을 꾸렸다. 그 후 도지 농사를 지어 집을 사고 집 주위의 논과 밭을 사서 밤낮을 가리지 않고 일했다. 그래서 5남매를 잘 키워 모두 결혼시키고 나자 반백의 회갑 등성이를 훌쩍 넘어가게 되었다. 인생무상을 실감하면서도 가슴 한구석엔 뿌듯한 마음이 자리 잡았다.

대통령을 비롯한 국회의원이나 장관 등 나라의 통치권자들은 백성들의 피와 땀이 얼룩진 세금으로 생계를 꾸려가는 머슴 중에서도 최고의 상머슴들이다. 그런데 주객이 전도되어 상전인 백성들을 몰라본 채 오히려 억압하고 가르치려 든다.

 스스로를 머슴이라고 생각하거나 말하는 공복들은 듣도 보지도 못했다. 머슴살이를 해보지 않고 온실 속에서 펜대나 굴리며 화초처럼 살아서 그런가? 오로지 백성만을 생각하고 백성들을 편안하게 해줄 상머슴들이 그리워진다.

명태

 명태는 수온 1~10℃의 찬 바다에서 서식한다. 당연히 동해 바다에서만 살겠지? 명태는 함경도 명천에 사는 태씨 성을 가진 어부가 처음 잡았다는 데서 유래한다.

 이 명태는 변신의 귀재처럼 다양한 이름을 지니고 있다. 갓 잡아 올린 싱싱한 것을 생태라 하고, 꽁꽁 얼리면 동태, 눈밭 덕장에서 얼렸다 녹이기를 반복하며 노랗게 말리면 황태다. 바닷바람에 바싹 말리면 북어라 하고 내장과 아가미를 뺀 후 코에 꿰어 반건조시키면 코다리, 새끼 명태를 바짝 말리면 노가리가 되는데 술안주로 아주 적격이다. 말이 많거나 그럴듯하게 거짓말을 늘어놓는 것을 속된 표현으로 '노가리를 깐다.'고 하는데 산란기의 명태 암컷 한 마리가 약 10~100만 개의 알을 낳는 것을 사람에 빗댄 것이다.

 명태는 서민들이 주로 먹는 음식이다. 그래서 그런지 '어떤 외롭고 가난한 시인이 밤늦게 시를 쓰다가 쐬주를 마실 때' 그의 안주로 삼기도 한다.

이 밖에도 갓 잡힌 것은 선태, 소금에 절이면 간태, 갑자기 너무 추워져 하얗게 마른 것은 백태, 크기가 작으면 외태, 강원도에서 잡힌 것은 강태, 주낙으로 잡으면 조태, 봄에 잡으면 춘태, 가을에 잡으면 추태다. 그래서 추태를 안주 삼아 홀짝거리다가 술이 거나해지면 추태를 부리기도 한다.

명태의 알은 명란, 창자는 창난젓으로 가공하며, 간장은 생선기름을 만드는 등 살·내장·알·껍질 등 버릴 것 없이 이용되는 중요한 물고기다.

명태는 일류 마술사보다도 더 다양한 마술을 선보이며 제삿상을 비롯한 식탁 위를 누비며 오늘도 활발한 홍보전을 펼치고 있다.

모자

 예의를 차리거나 추위·더위·먼지 등을 막기 위해 머리에 쓰는 물건이 모자다. 모자엔 갓·벙거지·초립·중절모·베레모 등 다양한 제품들이 있다. 모자의 천국으로 불렸던 조선 시대엔 왕이 쓰는 면류관, 방랑 삼천리의 삿갓, 상투를 틀기 위한 망건 등 여러 종류가 있다.

 어느 주말, 행상으로 생계를 꾸려가는 홀어머니를 돕기 위해 중학생 아들이 함께 시장에 따라나섰다. 두 사람은 햇볕에 그을리는 것을 막기 위해 모자를 쓰고 있었는데 그날따라 바람이 제법 불어댔다.
 모자가 다정스럽게 한참을 가는데 갑자기 강풍이 불어 어머니의 모자가 벗겨지고 말았다. 아들은 그 모자를 재빨리 주우면서 말했다.

"어머니, 이 모자는 너무 가벼운가 봐요."

그러자 어머니는 웃으면서 대답하셨다.

"그래도 그 모자는 10년 동안이나 나를 지켜주었단다."

갑자기 눈물이 핑 돌던 아들은 잠시 정신을 가다듬고 말하였다.

"어머니! 그런데 우리 모자는 언제까지나 모자를 쓰고 다녀야 하죠?"

모자(母子)의 모자(帽子)는 세상에서 가장 질긴 인연으로 만든 단 한 쌍의 특수 제작 제품이나 다름없다.

무릎

태어나면 부모님의 무릎 아래에서 기어다니며 함께 논다. 그러다가 서서히 걷게 될 쯤이면 말도 제법 잘하고 말귀를 알아듣기도 한다. 그러니까 무릎 아래인 슬하에서 인생의 제1막이 열리는 것이다.

좀 더 크면 잘못을 저지르기도 하는데 아주 큰 잘못을 저지를 때면 용서를 빌기 위해 무릎을 꿇는다. 부모의 무릎 아래에서 자라다가 스스로 무릎을 꿇는 것이다.

어른이 되어 식당에 가면 가끔 도가니탕을 먹는다. 도가니는 소 무릎의 연골 부분을 말한다. 그래서 도가니탕을 먹을 때마다 어린시절에 무릎 꿇었던 일들이 떠오르곤 한다.

그러다가 회갑 무렵이 되면 무릎 관절이 아파 계단을 오르내리기가 힘들다. 젊은 시절부터 물불 안 가리고 무릎을 혹사 시킨 대가가 아닌가 생각되기도 한다.

약 400년 전에 오랑캐인 청나라가 조선을 침공해왔다. 상대적으로 열세였던 조선은 남한산성에서 방어진을 치고 항전했으나 중과부적으로 항복하고야 말았다.

그래서 인조는 한강 변에 있는 작은 섬으로 손수 나가 청 태종에게 무릎을 꿇고 세 번 절하면서 아홉 번 머리를 조아리는 예를 올렸다. 이른바 '삼전도의 치욕'인데 국력이 약해서 벌어진 일이다.

일이 잘 풀리지 않을 땐 서로 무릎을 맞대고 앉아 오순도순 이야기해야 한다. 서로 허심탄회하게 대화를 하다 보면 실마리가 풀리고 해결책이 나오기도 한다.

그렇게 되면 결코 비굴하게 무릎 꿇지 않아도 되고 오히려 상대방의 무릎을 꿇리게 하는 주인공이 되지 않을까?

무기

 인류가 지구상에 존재한 이후부터 전쟁이 끊이질 않았는데 처음엔 돌멩이가 최대의 무기였다. 그러다가 활과 화살이 등장하고 칼과 낫, 창과 방패가 대세를 이루더니 드디어 소총이 전쟁터를 지배하는 듯했다. 그러나 뒤이어 대포와 전투기가 혜성처럼 나타나더니 지난 세기부터는 미사일과 핵무기가 지구촌을 혼돈의 늪으로 빨려들게 하고 있다.

 여자의 눈물은 지상 최대의 무기다. 지중해 일대를 쥐락펴락했던 로마의 시저(카이사르)도 클레오파트라의 빼어난 미모와 애잔하고 촉촉한 눈빛에 반해 아내로 맞이했고 이집트의 우방국이 되고야 말았다. 유럽을 손바닥 위에 올려놓고 좌지우지했던 나폴레옹도 연상인 조세핀의 아름다움과 눈물 앞엔 속수무책이었다. 여자의 눈물은 어떤 무기보다도 훨씬 강한 방위산업 덩어리일까?

요즘엔 예전에 비해 능력 있는 여자들이 훨씬 많아 여성상위 시대의 주인공으로 맹활약 중이다. 그래도 뜻하는 바가 잘 이루어지지 않을 땐 펑펑 울어버리는 게 최고의 상책이다. 그러면 남자들은 어찌할 바를 모른 채 일단 삼십육계 줄행랑을 칠지도 모른다.

총은 불법 무기이고 입은 합법 무기라고 한다.

무기는 살상용뿐만 아니라 미소 속의 검은 속내와 둥글둥글 살아가는 세상사용 등 매우 다양한 것 같다.

물

 수소 두 개와 산소 한 개가 결합한 형태인 물은 강·호수·바다·지하수 등의 형태로 널리 분포되어 있다.
 사람 사는 세상에 물은 필수적인데 비가 오지 않으면 식수는 물론 농사도 지을 수 없다. 그래서 예전부터 지방 관원이나 마을의 장(長)이 나서서 기우제를 지냈는데 심지어는 왕이 직접 주관하기도 했다.

 물은 빗물·맹물·눈물 등이 있는가 하면 변형된 모습을 띤 헛물·오물·선물·뇌물 등으로 진화하기도 한다. 때론 물 부족으로 제한급수를 시행할 때도 있고 물이 넘쳐 홍수로 인해 재산과 인명 피해가 발생하기도 한다. 그래서 '3년 가뭄엔 살아도 석 달 장마엔 못 산다.'는 속담이 생겨났다.
 물이 흔해서 그런지 실없거나 만만해 보이는 사람을 '물로 본다.'고 하기도 한다. 하지만 물은 아주 소중해서 어떤 철학자는 '만물의 근원은 물'이라고 했을 정도다.

조선말에 봉이 김선달(김인홍)이 대동강 물을 4,000냥에 팔아먹었다고 하는데 요즘 물값이 기름값과 비슷한 것을 보면 이미 200년 전에 앞을 내다본 선지자가 아니었나 생각되기도 한다. 또한 흥청망청 낭비하는 사람에게 '돈을 물 쓰듯 한다.'고 하는데 '물을 돈 쓰듯 한다.'는 속담이 탄생할 날이 머지않아 보인다.

미끼

 지렁이나 떡밥은 물고기를 잡기 위한 훌륭한 미끼다. 물고기들은 그 미끼를 먹기 위해 조심스럽게 접근한다. 하지만 유능한 강태공들이 가만히 놔둘 리 없다.
 여지없이 낚싯바늘에 꿰고 만 물고기들은 매운탕이나 구이로 변신하여 최후의 변론도 하지 못한 채 식탁 위에서 생을 마감한다.

 마트에 가면 고객들의 눈에 잘 띄는 곳에 바겐세일의 상품을 전시하는데 평상시의 절반 가격이다. 이를테면 미끼 상품인데 이왕 왔으니 또 다른 상품도 함께 사 가도록 유인하는 것이다.
 커피 전문점에 가면 가장 보편적인 음료가 아메리카노인데 아주 저렴한 가격이다. 일행이 여럿이면 커피뿐만 아니라 라떼나 쥬스 종류도 시켜 마신다. 그러니까 아메리카노가 미끼 또는 삐끼(호객꾼)의 역할을 톡톡히 하는 셈이다.

청춘남녀 사이에도 미끼는 존재한다. 돈·직업·건강의 세 가지가 최상의 조건이다. 때론 인물이 새치기 비슷하게 미끼의 최상위권을 차지하기도 하지만 그건 별로 중요하지 않다. 인물만 훤하지, 능력은 바닥권인 경우가 허다하기 때문이다.

미끼는 세상살이의 어느 곳이든지 존재한다. 하등동물인 물고기처럼 아무 때나 덥석 물기도 하고, 예리한 판단력으로 현명한 선택을 하는 고등동물의 인간도 있다. 어떤 부류에 속할 것인지는 스스로의 선택에 달려있다.

그러므로 이끼로 변한 미끼를 잘못 물어 미끄러지지 않도록 돌다리를 두드리는 심정으로 조심스럽게 살아가야 하지 않을까?

미로

 원시인들은 소라고둥이나 회오리바람, 물기둥, 태풍, 동굴 등의 자연 현상을 관찰하면서 복잡한 나선형에 대한 지식을 갖게 되었고 이것이 미로의 개념에 영향을 미쳤을 것이다. 특히 동굴은 미로의 이미지를 가장 잘 간직하고 있으며, 땅속으로 들어가는 것이기에 저승과도 깊은 연관을 가지게 되었다.

 내비게이션이 없던 시절에 낯선 길을 찾아 나서는데 목적지 부근에서 다람쥐 쳇바퀴 돌듯 뱅뱅 돌기만 한 적이 있다. 그리고 몇 달 후 또 거길 가게 되었는데 같은 현상이 반복되었다. 연자방아처럼 도는 횟수만 조금 줄어들었을 뿐이다.
 그래서 '길치'라는 또 다른 꼬리표가 달라붙었고 급기야 마누라가 내비게이션을 자처했다. 요즘도 마누라를 대동한 채 길을 나서는 버릇이 생겼다. 당연히 보은성 인사치레로 맛있는 밥을 사주어야만 한다.

세상살이가 미로 같기만 하다. 태어난 후 출발점은 똑같이 정해져 있는데 도대체가 어디로 가야만 목적지이자 종착점인지 알 수가 없다. 뱅뱅 돌다가 10년이나 20년 동안 헛고생만 하는 경우도 있고 방향 설정을 잘못해서 평생 미로를 헤매다가 지쳐 쓰러지기도 한다.

어쩌면 여성의 육체와도 비유되는 '사랑의 미로'가 미로의 으뜸인지도 모른다.

미로 같은 세상살이!

내비게이션에만 의지하지 말고 독도법 연구와 현지답사도 하면서 슬기롭게 살아갑시다.

미인

'미인이 끄는 힘은 황소 100마리가 끄는 힘보다 더 세다.'고 한다. 당나라 현종은 본부인이었던 무혜비와의 사별 후 낙심의 나날을 보내다가 며느리인 양귀비(양옥환)에게 푹 빠지고 말았다.

이때 현종은 57세였고, 양귀비는 23세였으니 무려 34살 차이를 극복한 셈이다. 이때부터 정사를 그르친 현종은 안록산의 난(755)을 맞이해야만 했고 결국 나라를 악의 구렁텅이로 몰아넣고 말았다. 양귀비는 성난 농민들에 의해 자결의 길을 택해야만 했는데 이때 나이가 36세였다.

이집트의 여왕이었던 클레오파트라는 18세 때 남동생과 결혼하여 공동 통치를 하다가 권력 다툼과 내전 발발 후 위기에 몰리자 로마의 카이사르(시저)와 결합하여 권좌를 되찾았다. 하지만 카이사르가 암살당하자 다시 안토니우스와 연합하였으나 악티움 해전(BC 31) 패배 후 자살의 길을 택하였는데 이때 나이가 39세였다. 양귀비나 클레오파트라 모두 '미인박명'이라는 사실을 증명해 보인 사례다.

미인은 각자의 마음속에 담겨 있는 가치 기준에 따라 다르다. 쭉쭉빵빵의 날씬한 몸매가 아니어도, 양귀비나 클레오파트라처럼 눈부신 미모를 갖추지 않았더라도 마음씨·솜씨·맵시(씨)가 적당히 어우러진 한국형 미인이 더 아름답지 않겠는가.

 보고 있어도 계속 보고 싶고, 보고 있지 않으면 금세 또 보고 싶은 사람이 진정한 미인이라고 생각한다.

미화원

 고층 아파트를 청소하는 미화원은 출근 시간대가 지난 9시부터 작업 개시다. 한 손으로 밀걸레와 세제, 손걸레 등이 담긴 카트를 끌고 다른 손엔 빗자루와 쓰레받기가 들려있다. 엘리베이터를 타고 꼭대기 층에 올라가면 저 멀리에 높고 낮은 산들이 보이고 가까이엔 도심 속 빌딩들과 성냥갑처럼 생긴 아파트 단지들이 오순도순 널려있는 모습들이 보인다.

 하지만 바로 창문 밑을 내려다보면 100m 높이의 절벽이다. 오금이 저려오지만 주저하거나 시간 낭비할 여유가 없다. 청소 시간과 일할 양이 정해져서다. 1~2라인 각 층의 복도와 창틀과 계단을 쓸고 닦은 뒤 곧바로 아래층으로 내려간다. 지하 2층까지 부지런히 청소해야만 오전 일과 시간에 맞출 수 있다.

 점심시간엔 각자 싸 온 도시락을 먹는다. 회사 측에서 식사를 제공하지 않기 때문이다. 전국적인 현상이다.

잠시 휴식을 취한 뒤 오후 1시부터는 3~4라인과의 전쟁이 시작된다. 일이 마무리되는 오후 4시쯤에는 한겨울인데도 등줄기가 축축해져 있다. 밝은 햇살만이 조금은 위로해 주는 듯하다.

일당 7만 원을 벌었다는 생각을 뒤로한 채 시내버스에 타자마자 집에 가서 저녁 짓고 빨래하고 청소하는 가사 노동을 그려본다. 산다는 것이 기름칠 안 한 톱니바퀴처럼 맞물려 있다는 생각이 들기도 한다. 아파트 미화원으로 일하는 대한민국 중년 주부들의 일상이다.

진솔한 땀을 흘리며 삶의 행복을 찾아가는 미화원들은 오늘도 일할 수 있는 터가 있다는 사실에 베시시 미소짓는 것처럼 보인다.

6부

ㅂ

바다	밥	봄
바람	방랑자	비·빚·빛
박수	벌	빈소
발자국	벽	뼈

바다

 바다의 96%는 물이고, 3%는 식염 그리고 1%는 마그네슘·유황·칼슘 등 80여 가지의 성분이 들어있다고 한다. 그 바다는 일류 마술사에 의해 마법을 부린다. 하루에도 두 번씩 지구 반 바퀴를 왔다 갔다 하며 밀물과 썰물을 만드는가 하면 해일이나 태풍 등 거대한 재앙을 안기기도 한다.

 피임법을 잘 몰랐던 예전엔 다산을 했고, 어머니는 한두 살 터울의 자식들을 키우느라 정신이 없다. 기저귀를 갈고 젖을 공평하게 분배하며 행여 아플세라 애지중지 키운다. 가끔 외출할 때면 큰 애는 한 손 잡은 채 걷게 하고, 둘째는 등에 업고, 셋째는 다른 손으로 안은 채 절반쯤 휘청거리면서 걷는다. 그렇게 정성스럽게 키워 학창 시절을 보내고 어른이 되면 둥지를 떠나 각자의 길로 나아간다.
 하지만 모두 착한 자식만 있는 것이 아니다. 형 노릇을 제대로 하는 경우도 있지만, 네로 같은 폭군 행세를 하기도 하고, 못난 동생들이 평지풍파를 일으켜 분란을 야기하기도 한다. 학업·처우 등에서 불협화음이 생길 때가 많다.

특히 재산 상속에 따른 지분 문제에 부딪힐 땐 형제의 난을 방불케 한다. 그래서 피를 나눈 형제의 천륜을 저버리고 남남이 되기도 한다. 회오리바람 몰아치는 태풍 그 자체다. 어머니의 마음은 항상 저 바다처럼 넓은 포용력을 지녔지만 자식들의 마음은 각양각색이다. 고요한 무역풍의 바다와 폭풍우 몰아치는 태풍의 바다가 공존하기 때문이다.

가지 많은 나무에 바람 잘 날 없는 모양이다. 살랑살랑 불어대는 봄바람이냐 동지섣달에 몰아치는 북풍한설이냐의 차이만 있을 뿐인가보다.

바람

'샛바람'을 뜻하는 동풍은 높새바람(푄 현상)이라고도 하는데, 늦은 봄부터 초여름까지 동해안에서 백두대간의 태백산맥을 넘어 서쪽 경사면으로 부는 북동 계열의 바람이다. 험준한 산을 넘느라 소진했는지 건조하여 농작물 피해를 주기도 한다. 농부나 뱃사람들이 '하늬바람'이라고 일컫는 서풍은 여름부터 초가을까지의 서늘하고 건조한 바람이다. 그래서 갈바람이라고도 한다. '마파람'은 남풍을 말하는데 대부분이 남향집에서 마주 바라보이는 쪽의 바람이기 때문이다. '된바람'으로 불리는 북풍은 겨울철에 아주 차갑고 세게 부는 바람이다. 고집 센 황소처럼 문틈을 비집고 매섭게 들어오는 황소바람과 북풍한설의 모진 겨울이 떠오른다.

세상살이의 인간 세계에도 바람이 불어댄다. 온 가족의 행복과 평안을 바라는 희망 바람, 내 자식 잘되라고 촌지 든 채 학교를 드나드는 치맛바람, 멋진 춤사위를 펼쳐 보이기 위한 춤바람, 소액투자로 대박을 터트리겠다는 도박바람, 아파트 분양에 당첨되면 떼돈 번다며 목숨 거는 투기 바람

등등 아주 많다.

바람!

불과 반세기 전엔 샛바람의 꽃 피는 동풍이 불더니만 어느샌가 하늬바람과 마파람이 불어 낙엽이 우수수 떨어지고, 이젠 된바람 얻어맞고 마지막 잎새에 의지한 채 추억을 먹고 사는 처량한 신세로 전락하고야 말았도다.

1세기도 채우지 못하는 우리네 인생은 바람처럼 왔다가 오래 머물고 싶은 바람을 저버린 채 바람과 함께 사라져가는 보잘것없는 존재인가 보다.

어느 누가 바람을 가리켜 '계절의 맥박'이자 '허공의 하이파이브'라고 했는데 진정어린 진단인 것 같다.

박수

 무대를 향한 열정의 메아리가 박수인가? 오른손이 다정스럽게 왼손을 만나는 일이 박수인가. 양손이 살포시 포개지며 간절한 기도를 올릴 때가 희망찬 박수를 보내는 것인지도 모른다.

 박수는 기원전 5세기 무렵, 고대 그리스에서 연극을 보던 관객들이 칭찬의 의미로 치기 시작했다고 한다. 세월이 지나는 동안 칭찬 릴레이의 파급 효과로 이제는 가요·스포츠·연설 등 모든 분야에서 박수의 향연을 펼친다.

 특히 자녀들이 뜻하는 바를 이루었을 때 쳐주는 박수는 단연코 으뜸 박수가 되어 천지를 진동하기에 충분하다.

 흔히들 말하길 '박수칠 때 떠나라.'고 한다. 운동선수들은 정상에 올라섰을 때 미련 없이 떠나야 하고, 권력을 쥔 위정자들은 끝없는 욕심을 채우려다가 더 이상 추한 꼴을 당하기 전에 스스로 물러나야 한다.

 가정의 부모는 자식들을 모두 잘 키워 정상적인 성인 대열에 올려놓으면 미련 없이 떠나지 않던가.

이제 후손들에게 물려줄 때라고 판단되면 미련 없이 떠나야 한다. 비록 떠나는 모습의 뒤통수가 매우 아름답진 않을지라도 남아있는 사람들이 수고와 격려의 박수를 쳐주지 않겠는가.

아마도 남자 무당인 박수도 박수부대에 합류하여 힘찬 박수를 보내지 않을까?

우리 모두 열정적인 박수를 치고 받으며 열심히 살아갑시다.

발자국

 사람이 남긴 발자국은 길쭉하고 넓적한 신발 모양인데 200~300㎜ 사이의 크기로 맨발·고무신·운동화·구두 등 다양하다. 또한 어떤 사람이 쭈욱 걸어왔던 발자국들을 발자취라고 승화시켜 부르기도 한다.

 전방에서 수색 작전을 펼치는 전투대원들은 발자국을 보고 몇 사람 정도가 머물다가 갔는지 알 수 있다. 사냥꾼은 짐승의 발자국과 똥을 보고 어떤 동물인지를 감지한다.

 '벼는 집주인의 발소리를 듣고 자란다.'고 한다. 날마다 찾아와 지극정성으로 보살펴주는 벼가 '쑤~욱 쑥' 자란다는 뜻이겠지?

 눈에 덮였다고 길이 사라지는 것이 아니다. 또한 어두컴컴한 밤이 되었다고 길이 없어지는 것 또한 아니다. 모든 길엔 발자국들이 남기 마련이다. 그 발자국이 그냥 걷거나 뛰어놀던 것인지, 고통과 시련이 담긴 고귀한 발자취인지의 차별화된 구분만이 남아있을 뿐이다.

결코 길지 않은 우리네 인생길에 어떤 발자국과 발자취를 남길 것인지는 각자의 몫이다. 우당탕탕 시끄러운 잡음만 남기는 바겐세일의 싸구려 발자국을 남길 것인지, 고요하고 도도하게 흐르는 강물처럼 고급스런 발자취를 남길 것인지를 말이다.

 오늘도 잠자리 포수처럼 사뿐사뿐 조용한 발걸음으로 포인트를 적립해 나가리라.

밥

배고픈 시절의 아침 인사는 '진지 드셨습니까?'였다. 일제 강점기와 6·25 전쟁을 겪으며 헐벗고 굶주린 당시 생활상을 대변해 주는 말인 것 같다. 그 시절엔 꽁보리밥이 대세였다. 시커먼 쇠솥에 보리밥을 끓인 뒤 대나무 광주리에 담아 서늘한 곳에 걸어 두었다가 끼니때가 되면 식구들이 먹을 양만큼을 퍼내서 쌀 한 주먹 정도만 넣고 2차로 끓였다. 당연히 아버지와 큰아들만이 쌀 반 보리 반의 밥을 먹었다(요즘엔 프라이드 반, 양념 반의 치킨을 먹는다).

그러다가 통일벼가 생산되고 점차 자급자족이 되면서 쌀과 보리의 혼합곡을 찍고 새천년부터는 쌀밥만을 먹는 세상이 되었다. 그래서 요즘엔 옛 추억을 상기하며 별미로 꽁보리밥을 먹는다.

임금님 수라상은 밥·국·김치·찜·전골 등 12첩 반상이 보통이다. 중간 간식과 야참까지 다섯 끼를 먹었다고 한다. 군인이나 일반 서민들의 1식 3찬 밥상과는 대조적인 특별 메뉴인 셈이다.

우리 속담에 '영감 밥은 누워서 먹고, 아들 밥은 앉아서 먹으며, 딸 밥은 서서 먹는다.'고 했다. 사위 눈치가 보여 서서 게눈 감추듯 먹었는지는 잘 모르겠으나 요즘엔 아들들이 친부모보다는 장인·장모님께 더 효도하는 시대로 탈바꿈했다.

그리고 맛있는 쌀밥을 마트나 편의점에서 파는 시대로 변했고 혼자서도 즉석에서 먹을 수 있는 혼밥의 전성기로 발전했다.

그래도 일부 백성들은 하루 세 끼와의 전쟁을 하며 굶주림에 시달리고 있다 하니 주변을 잘 살펴 나눔의 미학을 베풀면 어떠하랴.

방랑자

우리나라에서의 대표적인 방랑자는 삿갓도사 김병연(1807~1863)이다. 그가 죽장에 삿갓 쓰고 방랑 3천 리를 하게 된 사연은 대략 이렇다.

그의 조부는 김익순인데 선천부사(군수)로 재직 당시 평안도 일대에서 홍경래의 난(1811)이 발생했다. 이때 진압하지 못하고 오히려 투항했는데 김병연의 나이 다섯 살 때 벌어진 일이다.

그래서 멸문지화를 당했다가 다시 사면되어 스무 살 때 백일장에 응시했는데 시제가 선천부사 김익순을 비판하라는 내용이었다. 사연을 전혀 모르는 김병연은 신랄하게 비판하여 장원급제하였는데, 어머니로부터 자세한 사연을 듣게 되었다.

충격을 받은 김병연은 더 이상 하늘을 우러러볼 수 없다며 인생을 포기한 채 삿갓을 쓰고 전국을 떠도는 방랑길에 오른 것이다. 처자식을 남겨둔 채 말이다. 30여 년 동안 백두대간을 오르락내리락하던 김병연은 56세를 일기로 전라도 화순 땅에서 객사하였다.

인생을 살아가는 우리는 방랑자 같은 길을 걷는 나그네이기도 하고 매달 꼬박꼬박 정해진 돈(월급) 내고 살아가는 하숙생 같기도 하다. 죽장 대신 자동차를 타고 삿갓 대신 모자를 쓰며 백두대간 대신 직장을 오가며 가족을 위한 하루 세 끼와의 전쟁을 부지런히 하다 보면, 그래도 인생은 살만한 가치가 있고 후대에 조금이나마 이바지하는 삶이 되지 않을까?

벌

 벌은 옷 한 벌, 여왕벌과 일벌, 벌판, 죄와 벌 등 여러 가지 뜻이 있다. 속담에 '옷차림 보고 밥상 차린다.'고 했다. 행색이 초라해 보이면 아예 무시하고 1식 3찬의 군대식 밥을 주지 않았을까? 꽁보리밥에 김치만 달랑 주었는지도 모른다.

 여왕벌을 모시고 사는 벌들은 일만 열심히 하는 일벌(암컷)과 오직 짝짓기 용도의 수벌이 있다. 여왕벌은 수벌과 교미 후 2~3일이 지나면 약 2,000개를 산란하는데 연간 15~20만 개 정도다.

 벌판을 머릿속으로 그려보면 두 가지가 생각난다. 하나는 오곡백과가 풍성한 황금벌판이고 다른 하나는 황산벌(논산 일대)이다. 1300여 년 전, 한반도의 삼국시대 말기에 치열한 전투가 펼쳐졌는데, 백제의 계백 장군은 황산벌에서 5천의 군사로 20만의 나·당 연합군과 맞서 용감하게 싸웠으나 대패하였고 계백은 전사했다. 그래서 백제는 무조건 항복을 했고 역사의 뒤안길로 사라졌다.

한편, 죄를 지으면 벌을 받아야 마땅한데 종류에 따라 사형·징역·금고·벌금 등이 있다. 그러하니 죄짓지 말고 벌도 받지 말아야 하리라.

  하늘이 더욱 푸르른 오늘은 왠지 멋진 옷 한 벌 걸치고 황금벌판이 바라보이는 동산에 올라 계백 장군을 그려보고 여왕벌을 벗 삼아 '죄와 벌'을 다시 읽고 싶은 생각이 간절하도다.

벽

 서민들이 사는 옛날 옛적의 울타리는 돌담이거나 싸리로 엮은 담장이었는데 가슴 높이밖에 되지 않았다. 그래서 고개를 쭈욱 내밀면 마당이나 마루가 훤히 보였다.
 부유층이나 고관대작들은 2m가 넘는 높은 담장을 쌓았겠지만 일반 서민들은 소통의 벽을 낮게 쌓고 아기자기하게 살지 않았을까?

 '알아야 면장(免狀)'이라고 한다. 여기에서의 면장은 행정구역 단위의 책임자가 결코 아니다. 여러 사람이 모여 이야기하는데 아는 것이 별로 없으면 눈을 껌뻑이며 벽만 바라보는 서글픈 현실을 마주하게 된다. 그래서 '알아야 면장'인데 '아는 것이 힘이다.'와 일맥상통하다.
 '통곡의 벽'은 유대인들이 세운 성전인데 로마가 지배하면서 유대인들의 정신적인 구심점인 헤로데 성전을 헐어버렸다. 하지만 서쪽의 축대 역할을 하던 담장 일부가 남았는데 바로 여기가 통곡의 벽이다. 뿌리를 잃은 유대인들은 이곳 축대 밖에 모여 통곡하며 기도하였기에 붙여진 이름이다.

넘을 수 없는 4차원의 벽인 '넘사벽'은 한쪽이 너무 우월해서 비교의 대상조차 되지 못함을 뜻한다. 나의 넘사벽은 지극히 당연하지만 바로 마누라다.

새벽은 결코 새로운 벽이 아니다. 먼동이 트려 할 무렵인데 아버지는 논과 밭으로 향하고 어머니는 치마폭을 여민 채 부엌으로 향하는 시간이다.

'새벽을 여는 사람들'은 일찌감치 건설 현장으로 출동하여 진솔한 땀을 흘리며 생계와의 한판 대결을 펼친다.

새벽은 면장이나 통곡의 벽 또는 넘사벽보다 훨씬 활기찬 희망의 벽인지도 모른다.

봄

누군가 '봄은 여성들의 옷차림에서 온다.'고 했다. 남성들은 농사의 시작을 알리는 봄이니 별로 반갑지 않을지도 모른다. 개나리와 목련이 피고 매화와 산수유, 그리고 벚꽃이 그 뒤를 이으면 이제 본격적인 봄의 서막이다. 이쯤 되면 동네방네 우물가의 처녀들도 희망에 부풀어 밤 봇짐을 싸서 서울로 부산으로 야반도주하다시피 한다. 그러다가 튤립과 장미가 붉게 물든 채 유혹의 손길을 내밀면 봄은 절정의 산자락에 매달려서 마지막 기승을 부린다. '새싹이 움트고 새로운 것들의 시작을 본다.'는 '보옴'이 변하여 '봄'이 되지 않았던가.

2월 초가 되면 여지없이 입춘이 고개를 내밀고 보름쯤 지나면 대동강물도 풀린다는 우수(雨水)가, 3월 초가 되면 개구리뿐만 아니라 삼라만상이 잠에서 깬다는 경칩(驚蟄)이 다가온다. 그리고 낮과 밤의 길이가 같아지는 춘분(春分)에 이어 4월 초엔 하늘이 맑아지고 봄 밭갈이를 서두르는 청명(淸明)이 찾아온다. 이때는 찬 음식을 먹는 한식과 겹쳐서 '청명에 죽으나 한식에 죽으나 마찬가지'라는 말이 생겨났다. 봄의 마지막 피날레는 곡우(穀雨)인데 이때가 되면 못자리를 하고 봄비가 내려 곡식이 기름져 간다.

 '봄에 하루 놀면 겨울에 열흘 굶는다.'고 했다. 절기에 맞춰 부지런히 일하라는 뜻이다. 그리고 '봄밤이 추우면 만사위도 달아난다.'는 속담도 있고, '봄은 봄인데 결코 봄이 아니다. (春來不似春)'는 말도 있다. 열심히 일하되 일교차가 큰 환절기의 건강 관리에 더욱 유의해야 하지 않겠는가.

비·빚·빛

 사흘 내내 비가 내린다. 어제는 가랑비와 이슬비가 순한 양처럼 살포시 내리더니 오늘은 작달빈지 장대빈지가 세차게 쏟아진다. 그래서 내가 벌인 봉고 트럭 노점상을 할 수가 없다. 그래도 목구멍이 포도청인지라 민생고는 해결해야 한다.
 자그마한 밥통 속엔 덕지덕지 눌어붙은 반 그릇 정도가 띄엄띄엄 노닐고 있다. 할 수 없이 봉지 라면과 김치 몇 가닥으로 아침 겸 점심을 때우고 나니 조금은 생기가 돋아나는 느낌이다.

 부모와 처가의 도움으로 작은 유통업을 시작했는데 투자만 있고 결실은 별로다. 처음엔 일시적인 현상이라고 믿었는데 세상 물정에 어두웠는지 적자의 연속이다. 점점 '밑빠진 독에 물붓기'와 '언 발에 오줌누기'가 쌍두마차처럼 끌고 있다.
 급기야 마누라는 딸을 데리고 친정으로 가버렸다. 별거로 인해 '님'이 아닌 '남'인 상태가 되었고 오래전부터 '돈'이

'돌'로 변해 빚더미에 앉았기 때문이다. 이제 비장한 결심을 하지 않을 수 없는 지경에 처했다.

어느 날인가, 농산물 공판장을 기웃거리다가 문득 스쳐가는 깨달음이 있어 중고 트럭 한 대를 구입했다. 모든 사업을 정리하고 난 후에 남은 소액으로 새로운 사업을 시작한 것이다. 그러니까 트럭 행상이다. 장사는 생각보다 짭짤했고 매월 생활비를 마누라에게 송금했다. 유통과정을 4단계에서 2단계로 줄였기 때문에 상호 원원전략이 통한 것이다.

이젠 더 이상의 추락은 없으리라. 다시 희망의 끈을 부여잡고 오뚜기처럼 일어서리라. 어느샌가 빗줄기가 멈추고 빚더미가 가물거리며 사라지는 것 같더니 빛줄기 한 가닥이 정수리에 살포시 내려앉는다.

비에 젖은 지난날과 빚더미의 오늘날을 딛고 내일의 화려한 빛축제를 열고야 말리라고 스스로 굳게 다짐해 본다.

빈소

 빈소는 상여가 나갈 때까지 관을 놓아두는 곳을 말한다. 빈손으로 왔다가 빈손으로 가기 때문에 빈소라고 하는지는 잘 모른다. 분명한 것은 빈소에는 옷 한 벌 걸친 사람만이 조용히 눈 감고 누워있을 뿐이다. 인생을 보다 값지게 살았던 사람은 여러 장소에서 고인의 넋을 기리기 위해 분향소를 차린다. 빈소가 본점이라면 분향소는 일종의 체인점인 셈이다.

 은은한 향 내음이 웃음 띤 고인의 영정에 스며든다. 그러는 사이에 소식을 접한 문상객들이 하나둘씩 들어선다. 고인에게 다가가 꽃을 바치거나 향을 피운 다음에 큰 절을 두 번 한다. 첫 번째는 고인의 넋을 추모하기 위한 절이요, 두 번째는 나 자신이 아직 살아있어 감사한 마음을 전하기 위한 절인지도 모른다. 그런 다음에 한참을 두리번거려도 조의금 함이 보이질 않는다. 대신 그 자리에 '달려와 주신 마음만 감사히 받겠습니다.'라는 문구가 눈에 띈다. 고인의 마지막 유언이었다고 한다. 안주머니의 조의금 봉투가 유턴해서 내 주머니로 다시 들어왔다.

하지만 기쁨보다는 존경스러움이 더 앞선다. 나도 과연 '조의금 사절'을 관철할 수 있을 것인가! 땅은 좁고 비싸니 매장은 사양하고 화장할 용의는 있다. 문상 와서 또 다른 인생을 배우고 간다.

뼈

 사람의 뼈는 모두 206개로 구성되어 퍼즐처럼 맞춰져 있는데 유기질과 무기질, 그리고 수분이 주성분이다. 건축물의 철근처럼 뼈대를 이루는 유기질은 35% 정도이고 시멘트 역할을 하는 무기질은 45%에 달하는데 칼슘과 인이 대부분이다. 그리고 수분이 20%에 해당한다.

 뼈 중앙에는 골수로 채워져 있는데 이 골수에는 피를 생성하는 줄기세포인 조혈모세포가 있고 이 세포가 분열을 하면서 적혈구·백혈구·혈소판으로 분화한다. 그 후 혈관들 속으로 들어가서 온몸으로 순환하는 것이다. 피가 뼈에서 만들어지는 이유는 자외선으로부터 보호 해주기 때문이다.

 뼈는 건물의 얼거리를 지칭하기도 하고 이야기의 기본 줄거리나 핵심을 뜻하기도 한다. 그리고 기개나 줏대를 비유적으로 표현할 때도 쓰인다. 흔히 뼈대가 있다는 것은 문벌이 좋거나 심지가 굳고 줏대가 있다는 의미다. 그래서 '뼈대 있는 집안' 운운하는 것은 유교 사회의 전형이었던 조선시대의 뿌리가 아니었겠는가. 그리고 뼈 있는 한마디를 내뱉으면 분위기 반전을 꾀할 수 있다. 눈치코치 안 보고 소신과 양심의 소리를 하면 정의감에 불타는 의리의 사나이(?)가 되는 것이다.

또한 뼛속까지 파고드는 맹추위도 있고 뼈가 닳거나 빠지도록 일해서 평생 자식 뒷바라지를 하기도 한다.

누가 그랬다.

'뼈와 살이 붙으면 사람이고, 살과 살이 붙으면 사랑이며, 뼈와 뼈가 붙으면 사망이다.'라고 말이다.

아무튼 뼈는 신체를 지탱해주면서 활동하게 하는 것은 물론, 피를 만들어 온몸으로 영양 공급을 해주는 종합상황실 같은 중요한 역할을 한다.

7부

ㅅ

사막	설거지	시장
산파술	섬	실업급여
삼각지	소금	심장
삽질	수저	썰매
생각	술	씨

사막

 중동지역에 아라비아 사막이 있는데 석유 자원이 풍부해 부자 나라로 발전했다. 하지만 석유 매장량이 점점 줄어들어 고갈 위기에 처하게 되었다.

 그러던 어느 날, 석유 재벌인 중년 신사가 고급 승용차를 타고 가다가 사막에서 여유롭게 노닐고 있는 낙타를 발견했다. 그 신사는 문득 지난 반세기를 회고하더니 혼잣말처럼 중얼거렸다.

 "나의 아버지는 낙타를 타고 다녔었고 나는 자동차를 타고 다닌다. 내 아들은 비행기를 타고 다니겠지만 내 손자는 다시 낙타를 타고 다니게 될 것이다."

 이 말을 들은 낙타가 조금 흐느끼듯 대꾸했다.

 "내 아버지는 짐과 사람을 태운 채 다녔었고, 나는 가끔 사람만 태우고 다닌다. 내 아들은 빈둥빈둥 놀고 먹으며 살겠지만, 내 손자는 다시 짐과 사람을 태우고 다니게 될 것이다."

 서로 상반된 입장에서의 미래 예측이다.

몽골과 중국 일대에 자리 잡은 고비 사막의 모래와 먼지들이 상승 기류를 타고 3~5km 상공으로 올라가 초속 30m 정도의 편서풍을 타고 한반도까지 날아온다. 뿌연 안개 같은 황사(黃砂)다. 이 황사는 지구 온난화와 산성비를 억제하는 효과가 있다. 하지만 기관지염·감기·천식 등 호흡기 질환과 심혈관 질환· 눈병 등 각종 질병을 유발한다. 자연 앞에 인간의 무기력함을 여지없이 드러내는 현상이다.

누군가가 사막에서 막막과 삭막과 주막과 적막의 인생 4막(四幕)을 배웠다고 토로했다.

사막이 아름다운 건 어딘가에 숨겨져 있는, 애타게 찾던 오아시스가 있기 때문이 아닐까? 또한 잡힐 듯 잡히지 않는 신기루가 나타날 때가 아닌가 여겨지기도 한다.

산파술

 문답법을 중심으로 한 산파술(産婆術)의 대가인 소크라테스가 침침한 방 안에서 플라톤·크세노폰·안티스테네스 등의 제자들을 앉혀놓고 궁시렁대며 지도하고 있었다.

 '저 영감탱이가 돈 벌 생각은 않고 떼거리로 모여 앉아 쌀만 축내려 하네. 하루 이틀도 아니고 연중무휴 무료급식이야 뭐야?'

 아궁이에 불을 지피며 밥을 짓던 아내 크산티페가 참다못해 물 한 바가지를 퍼 들고 허름한 방문을 열어젖히더니 소크라테스를 노려보며 얼굴에 홱 뿌려댔다. 하지만 정작 놀란 건 제자들이었고, 태연하던 소크라테스가 잠시 후 사태를 수습했다.

 "너무 놀라지들 말게. 번개와 천둥이 치고 나면 소낙비가 오게 마련일세. 조금 전에 어디까지 했더라."

 그래서 '악처를 얻으면 철학자가 된다.'는 명제를 남겼다. 하지만 크산티페는 악처가 아니라 현모양처였는지도 모른다.

소크라테스는 젊은 시절에 펠로폰네소스 전쟁 당시 3번이나 참전했고 용감하게 싸운 애국자였다. 하지만 인생 말년에는 정치적인 신념에 휘말렸다.

 '국가가 인정하는 신을 신봉하지 않고 새로운 신격을 수입했으며 청년들을 부패시킨다.'는 죄목이었다. 그러나 소크라테스는 이에 굴하지 않고 항변하다가 사형 선고를 받았다.

 그는 마지막 순간까지 '악법도 법이다.'라는 메시지를 단톡방에 남긴 채 70여 년의 생을 마감했다. 그의 사후 2400여 년이 지난 21세기의 대한민국 가요계에선 '테스형!'으로 부활하여 활동을 재개하고 있다.

삼각지

'삼각지' 하면 얼른 두 가지가 떠오른다. 서울 용산의 삼각지와 강원도 철원 지역의 '철의 삼각지'다.

용산의 삼각지 부근엔 효창 공원이 있는데 이곳에는 독립 운동가였던 김구의 묘와 윤봉길·이봉창 의사 등의 묘가 있다. 의로운 선열들의 묘가 있어서인지 어떤 가수가 '삼각지 로터리에 굳은 비는 오는데~'하며 흐느꼈는지도 모른다. 또한 인접한 곳에 국방부와 전쟁기념관 등이 자리 잡고 있어 안보의 요람 같은 느낌이 들기도 한다.

강원도 철원의 '철의 삼각지'는 6·25 전쟁 중에 치열한 전투가 벌어진 평강·철원·김화 지역을 잇는 삼각축 선의 지형을 말한다. 이 일대는 넓은 철원평야와 백마고지·낙타고지·저격능선·한탄강 등이 있다. 그래서 이 지역을 확보하기 위해 치열하게 전개된 백마고지 전투('51. 10)가 유명한데 백마부대(9사단)가 10일 동안 1만 4천여 명을 격멸하고 값진 승리를 쟁취했다.

삼각지!

삼각형도 있고 역삼각형도 있다. 때론 삼각관계를 형성하기도 한다. 삼각지엔 삼각주가 형성되기도 하는데 상류로부터 떠내려온 온갖 퇴적물들을 떠받드는 고뇌의 혼합 땅이다.

이정표가 세워진 삼각지는 가야 할 길이 분명하지만 이정표 없는 삼각지는 혼돈의 길이기에 파란만장한 인생 역정이 숨겨져 있는 고뇌의 길인지도 모른다.

삽질

삽은 조상 대대로 가장 친하고 요긴한 농기구다. 남자는 막삽, 여자는 호미가 대표적이다. 이 막삽이 오래전부터 식구들의 의식주를 해결 해주고 미래를 창조하는 중차대한 역할을 해왔다. 일제 강점기에 태어난 우리들의 할아버지는 어려서부터 삽질을 배웠다. 모내기 철이면 논을 파고 둠벙에서 논으로 물 채우는 일을 거들었다. 또한 봄에 씨 뿌릴 무렵이면 밭을 파고 고랑을 내기도 했다.

주말이면 할아버지는 그의 아버지를 따라 논과 밭에서 농삿일을 배워 나갔다. 일찌감치 농부 대열에 합류했는데 옆집이나 옆 동네일까지 하며 돈을 벌었다. 때론 품앗이도 했지만 대부분 일당을 받았다.

할아버지의 그런 삽질 인생이 반세기 가까이 흘렀다. 그러다가 회갑 무렵부턴 삽질 대신 전선의 지휘관처럼 지시하고 확인 감독하는 임무를 수행한다. 어느샌가 후계자인 아들에게 삽질을 인계인수했고 아들은 쟁기질과 농약질, 닭·돼지·소를 키우는 일까지 전수받았다.

회갑을 넘긴 할아버지는 온몸이 쑤시고 손이 저절로 떨리는 수전증에 시달리면서도 말 한마디 않고 태연하다. 그저 식구들의 끼니 걱정과 건강만을 바랄 뿐이다.

할아버지의 아들이자 아버지인 후계자 역시 똑같은 길을 걷다 보니 비슷한 증상으로 고통을 받지만 유구무언이다. 부전자전인지도 모른다.

새천년이 밝은 요즘엔 트랙터와 콤바인이 대부분의 일을 하지만 삽질도 가세하여 거든다. 할아버지와 아버지와 아들과 손자가 모두 이 세상을 등져도 삽질만큼은 불후의 명작이 되어 자자손손 대대로 존재하리라.

생각

 늦은 저녁, 잠자리에 들라치면 잠은 오지 않고 여러 가지 생각들이 벽과 천장을 도배하다시피 한다. 그래서 생각의 호수인지 생각의 바다인지에 빠져든다.

 10살 때부터 나 홀로 객지 생활을 했는데 소리 없는 흐느낌과 아우성을 밑천으로 저항의 몸부림을 치며 살아왔던 일들이 주마등처럼 스쳐 지나간다.
 중학교 때 자취 생활을 했는데 지하수를 펌프질해서 연탄밥 짓고 석유곤로에 멀건 된장국 끓여 먹던 아련한 추억이 벌써 반세기도 훌쩍 지났단 말인가!
 혈기왕성한 20대 초반 시절에 방황하는 청춘이 되어 망나니처럼 뛰어다니자 '너도 장가가서 자식 낳고 살아봐야 부모 마음 안다.'는 준엄한 꾸중을 여러 차례 들었었다. 하지만 당시에는 대수롭지 않게 넘겼는데 세월이 지나고 보니 애증의 그 심정이 가슴속 깊이 헤아려진다.
 결혼해서 잘 살아오다가 불혹 무렵에 쌍겹의 악재로 인해 집안 대들보가 휘청거렸으나, 그 후로도 30년이나 버티면서 살고 있으니 천만다행이라고 해야 할지 집념의 세상살이라고 해야 할지 헷갈린다.

타고 남은 재가 다시 기름이 되듯 남은 생을 어떻게 살아야 잘 사는 길인지를 고심해본다. 가정의 안녕과 더불어 주위 사람들로부터 손가락질받지 않으면 최선 아닌가?

70년 동안의 벌판을 이리저리 뛰어다니다 보면 어느새 동창이 밝아온다. 여러 가지 상념들을 뒤로한 채 다시 활기찬 하루를 시작할 때가 아닌가.

그리고 오늘 밤에도 생각의 호수에서 평영과 접영과 배영을 즐기며 유유자적하리라.

설거지

보릿고개를 넘던 그 시절의 아침 식사 시간이 되면 어머니는 분주하기 그지없다. 부엌 아궁이의 검은 쇠솥에서 꽁보리밥을 담고 시래기 된장국 한 그릇씩 떠서 방 안의 기다란 교자상에 올려놓으면 여섯 식구가 빙 둘러앉아 밥을 먹는다.

아버지는 게 눈 감추듯 한 그릇을 뚝딱 해치운 뒤 출근을 서두르고 5남매는 정신없이 등교 준비를 한다. 어머니는 뒤치다꺼리하느라 함께 먹지 못하고 텅 빈 방을 홀로 지키며 식구들이 남긴 밥과 국으로 대충 때우기가 일쑤다.

설거지는 자연스럽게 어머니 몫이다. 요즘처럼 편리한 주방이 있는 것도 아니고 온·냉수가 펑펑 쏟아지지도 않는다. 쭈그리고 앉아 언 손을 호호 불어가며 설거지한다.

그리고 모두가 먹고 남은 솥단지 속의 누룽지는 고스란히 어머니 몫이다. 때론 그 누룽지로 점심을 때우기도 한다.

반세기 전의 군부 독재 시절에 권력을 이용하여 부정축재를 한 대통령들이 있었다. 서슬 퍼런 칼날이 두려워 재벌들은 돈뭉치로 만든 진수성찬을 차려 바쳤고 긴 칼 옆에 찬 독재자들은 양반 자세로 앉아 싹쓸이하다시피 먹어치웠다.

 그 후 민주화가 되어 민간 정부가 들어서자 교통정리와 함께 설거지하느라 애를 먹었다.

 속담에 '죽 그릇 설거지는 딸을 시키고 비빔 그릇 설거지는 며느리 시킨다.'고 했다. 떡장수가 떡고물 묻히듯 죽 그릇에 조금 달라붙어 있는 찌꺼기를 수저로 긁어먹으라는 속 깊은 어머니의 뜻이겠지? 고급 수세미와 향기 만발의 세제가 펄럭이는 요즘의 설거지엔 어떤 속담이 생겨날지 자못 궁금해진다.

섬

 섬은 화산 활동으로 인해 해저에서 용암이 분출하여 수면 위로 솟구친 땅이다. 바다 한가운데에 우뚝 솟아 있어서 섬이라고 하는 걸까? 그래서 외롭고 쓸쓸한 느낌이 든다.
 섬엔 갯바위와 갈매기들이 한데 어우러져 산다. 갯바위는 파도가 잔잔할 땐 갈매기들의 놀이터나 안식처가 되지만 거센 폭풍우가 몰아칠 땐 온몸으로 버티면서 파수꾼 노릇을 한다. 그 갯바위의 봉우리엔 망부석이 세워져 있는데 고기잡이를 떠난 지아비를 목이 빠지게 기다리다가 돌로 변한 아낙네의 형상이다. 행여 뱃길을 잃고 돌아오지 못할까 봐 하얀 등대가 옆에 서서 길라잡이 역할을 하기도 한다.

 섬을 떠올리면 제일 먼저 생각나는 사람이 있는데 바로 나폴레옹(1769~1821)이다.
 그는 지중해의 코르시카섬에서 태어나 30세에 권력을 잡았다. 이후 유럽을 쥐락펴락했으나 대륙 봉쇄령으로 인해 각국의 반발과 러시아 원정 실패 이후 실각하여 엘바섬으로 유배를 가야만 했다. 불굴의 의지로 다음 해에 다시 권력을 잡았으나 워털루 전투에서 패배하면서 완전히 몰락하여 대서양의 외딴 세인트헬레나섬으로 영구 추방되어 52세의 나이로 생을 마감했다.

 애타게 불러봐도 대답 없는 섬!
 거센 파도와 암초와 갯바위가 조금은 스산한 분위기를 자아내지만 하얀 햇살과 함께 평화롭게 노니는 갈매기가 있어 조화를 이룬다.
 섬은 오늘도 어머니의 젖가슴처럼 포근한 자태로 말없이 파도를 끌어안은 채 자연과 함께 살아 숨 쉬고 있다.

소금

 소금의 역사를 보면 고대 이집트에서는 미이라를 만들 때 시체를 소금물에 담가 썩지 않게 했다. 페르시아에서는 왕실이 소금 생산을 독점했는데 이는 곧 권력 장악을 의미했다. 고대 로마나 그리스에서는 소금이 화폐로 사용되어 관리들의 봉급 지급이나 노예 매매, 상품 교환 등으로 쓰였다.

 우리나라에서는 고구려 때 노예들이 생선과 소금을 상류층에 공급했다. 고려 태조 때는 도염원(都鹽院)을 설치하여 소금 전매제를 시행했고 국가 재정의 주요 원천이 되었다.

 조선시대 때에도 도염원이 있었으나 말기에는 별 의미 없는 부서로 전락했다.

 소금의 종류는 천일염·암염·기계염(정제염)·가공염 등 다양하다. 천일염은 태양열·바람 등 자연을 이용해 해수를 저류지로 유입해 바닷물을 농축시켜 만든다. 암염은 바위를 분쇄·선별·가공한 소금인데 공업용과 식용이 있다. 기계염(정제염)은 바닷물을 여과조에 담아 전기분해하여 만든다. 가공염은 원료 소금을 볶음·태움·용융 등의 방법을 통해 만든 소금인데 태우는 방법으로는 구운 소금과 죽염 등으로 구분된다.

소금은 우리들의 삶에 유용하지만 과도하게 섭취하면 고혈압·심장 질환·뇌졸중 등의 위험을 높일 수 있으니 하루 5g 이하가 적당하다고 한다.

소금은 농경 사회였던 BC 6,000년 경부터 이용해 왔는데 생명 유지에 필수적인 무기질 중 하나이며 음식의 맛을 내는 조미료로 쓰였다. 또한 변하지 않는 성질 때문에 계약이나 충성을 맹세하는 징표로 여겨왔다.

소금은 물건이 썩는 것을 막고 음식의 맛을 내는 점에서 사회도덕을 순화 또는 향상시키는 참신자의 사명을 비유적으로 이르는 말이기도 하다.

수저

수저는 숟가락과 젓가락을 합한 말 또는 숟가락을 달리 지칭하는 말이다.

아시다시피 숟가락은 밥이나 국을 떠먹는 데 쓰고, 젓가락은 반찬을 집는 데 쓴다. 수저는 처음에는 나무로 만들었는데 점점 쇠나 동, 알루미늄이나 은으로 만들어 썼다. 그래서 그런지 은수저·동수저가 등장했고 금수저와 흙수저가 기형적으로 탄생했으며 머지않아 다이아수저가 등장할지도 모른다.

예전엔 식사 시간이 되면 온 가족이 함께 먹었는데 아버지가 숟가락이나 젓가락을 먼저 집어 들어야 자식들도 따라서 먹기 시작했다. 자식들이 먼저 먹기 시작했다간 불호령이 떨어졌고 어머니도 가세하여 참교육(?)을 시켰다.

서양에서는 포크와 나이프를 쓴다. 주로 육식을 했기에 나이프로 고기를 썰고 포크로 찍어 먹는다. 그들은 우리나라에서 숟가락을 잘 사용하지만 젓가락질은 잘하지 못한다. 젓가락질은 어려서부터 연습을 많이 해야 사용할 수 있기 때문이다. 그래서 동양인들의 젓가락질을 신기해하고 특출한 재능을 지녔다고 추켜세우는지도 모른다.

 십시일반(十匙一飯)이란 말이 있다. 밥 열 숟가락이면 한 그릇이 된다는 뜻이다. 이웃이나 지인이 찾아오면 먹는 밥상에 숟가락 하나만 더 얹으면 된다는 우리의 미풍양속과 비슷한 말이다. 이웃집에 누가 살고 있는지도 잘 모른 채 살아가는 요즘도 그러한지는 미지수다.
 아무튼 기분은 좀 다를지 모르지만 금수저든 은수저든 밥 한술씩 떠먹는 도구에 불과하다. 단지 떠먹을 밥과 국, 그리고 반찬이 문제이지 않겠는가. 그것보다는 하루 세 끼 밥을 제대로 챙겨 먹는지가 더 중요하지 않을까?
 네 끼 먹을 수 있는 여유가 있다면 한 끼는 베풀며 사는 것도 좋을 듯하다.

술

 부지런한 농부가 땀을 뻘뻘 흘리며 일하다가 막걸리 한 사발을 들이켜면 더욱 신바람이 나서 해 넘어가는 줄도 모른 채 일과의 전쟁을 치른다.

 직장인들은 육체적·정신적 노동으로 인한 스트레스를 퇴근 후 쐬주잔으로 푼다. 안주는 별로 필요치 않다. 채찍질만 계속해대는 직장 상사가 최대의 안주이기 때문이다.

 연인들은 분위기 있는 카페에서 불그스름한 와인잔을 부딪치며 사랑의 밀어를 나누는데 바로 이 순간이 지상낙원이자 천국이나 다름없다.

 바다의 신 넵튠(Neptune)보다 술의 신 바쿠스가 훨씬 두렵다고 한다. 술독에 빠지면 부모도 잘 몰라본 채 누룩 선생만 존경할 뿐이기 때문이다. 밥은 바빠서 못 먹고 죽은 죽어도 먹기 싫고 술은 술술 넘어가니 술이 최곤가. 그리고 '영웅은 색을 좋아하고, 호걸은 술을 좋아한다.'고 하니 바로 자신을 두고 한 말이 아니던가.

'마음은 술로 보고 외모는 거울로 본다.'고 했듯이 음주 습관이나 태도를 보면 마음이나 정신이 어느 정도 짐작된다.

우리의 술 문화는 주거니 받거니 하는 수작(酬酌)이다. 그러다가 또 다른 수작을 걸기도 한다. 칼로 흥한 자 칼로 망하듯 술로 흥한 자 술로 망하지 않겠는가.

술이야말로 중용의 도(道)가 필요한 것이 아닐까?

시장

 시장 골목 입구 도로변 좌판엔 할머니들이 작은 의자에 의지한 채 채소류를 팔고 있다. 나름대로 좌판을 펼쳐놓고 파를 다듬거나 마늘을 까는가 하면 고구마순 껍질을 벗기거나 시금치를 다듬고 있다. 어떤 할머니는 쟁반을 놓고 팥 개수를 일일이 헤아리고 있는데 정직함의 상징처럼 느껴지기도 한다.

 점심시간이 다가오자 한 그릇 2천 냥의 팥죽집이 문전성시를 이룬다. 그 옆의 5천 냥짜리 백반 뷔페 집에도 제법 사람들이 많다.

 좌판대의 어떤 할머니는 건물 쪽으로 돌아앉아 김치 가닥에 꽁보리밥을 쑤셔 넣다시피 한다. 그 할머니의 딸인지 손녀인지는 잘 모르지만 따스한 물잔을 들고 살포시 옆에 앉는다.

 보리밥과 깍두기로 대충 점심 식사를 마친 또 다른 할머니는 오수에 겨워 두 눈을 지그시 감고 있다. 눈가엔 수백 가닥의 주름들이 바다를 연모하며 뻗은 산맥 줄기처럼 키재기를 해댄다. 이승과 저승의 경계선을 넘나들듯 꾸벅꾸벅 졸던 할머니는 40년 전에 먼저 떠난 짝꿍을 만났는지 메마른 입가에 어렴풋한 미소를 머금는다. 아마 한 맺힌 꿈속 대화를 하고 있겠지?

'이제 5남매 모두 시집·장가보냈으니 꼭 나를 데리러 와야 해!'라고 당부하고 있을까?

재래시장의 하루는 수많은 사연을 지닌 많은 상인과 손님들이 서로 어우러져 북적대다가 황혼을 맞이하고, 켜켜이 쌓이다 보면 인생의 황혼이 산등성이 너머를 붉게 물들이며 빨리 함께 가자며 손짓하고 있는 것처럼 보인다.

실업급여

불황의 여파로 다니던 회사 역시 구조 조정에 들어갔다. 불필요한 직원을 해고하겠다는 뜻이다. 젊은 혈기를 회사에 모두 빼앗긴 고령자와 승진 못 한 고참들이 대상이다.

노모와 미혼의 남매를 둔 중견사원은 고민이 깊어간다. 아파트 청약처럼 해고 0순위에 당첨될 것 같은 느낌이 들어서다. 해고의 쓰나미는 예상을 빗나가지 않았고 거대한 바윗덩어리들이 들이닥쳐 겨우 목숨을 부지한 채 휩쓸고 간 자리를 정리한다.

정신을 가다듬은 중견사원은 고용지원복지센터로 힘없는 발걸음을 옮긴다. 실직을 당했으니 실업급여를 받기 위함이다. 발걸음이 꽤나 무겁다. 다시 일자리를 구하기가 힘든 나이여서 조금은 막막한 생각도 든다. 모두 다섯 식구의 생계가 양어깨를 짓누른다.

고용지원복지센터 빌딩에 도착하니 또래의 사람들이 제법 많다. 대기번호표를 뽑은 다음, 상념에 젖은 채 앉았는데 수많은 생각이 오간다. 이 총체적인 난국을 어떻게 헤쳐가야 한단 말인가. 형장의 이슬로 사라지기 직전의 사형수 같은 느낌도 든다.

옆자리에 앉은 또래의 중년 신사(?)를 슬쩍 쳐다본다. 서로 비슷한 얼굴 표정이다. 동병상련인 것 같기도 하다. 잠시 후, 나의 순번을 호출하자 옆 신사와 가벼운 목례를 나눈 다음 '우리 지혜롭게 헤쳐나갑시다.'라는 무언의 메시지를 남긴다.

업무를 마친 다음에 빌딩 밖으로 나왔는데 중천에 떠 있는 햇살이 따사롭게 비친다. 도로변에는 벚꽃이 흐드러지게 피었고 지나가는 여성들의 화사한 옷차림이 봄이 왔음을 알리는 듯하다. 하지만 '봄은 봄이로되 봄이 아니도다.'라고 읊조린 어느 시인이 떠오른다. 마음속엔 아직도 동절기 빙판들이 쫘악 깔려있기 때문이다.

4월은 정말 잔인한 달인가 보다.

심장

주기적인 수축에 의하여 혈액을 몸 전체로 보내는 순환 계통의 중심적인 근육 기관이 심장이다. 명치 일대에 주먹만 한 크기로 버티고 있는 사람의 심장은 지휘부 또는 종합상황실이나 다름없다.

뼈에서 만들어진 피가 혈관을 타고 심장으로 집결하면 부지런히 펌프질하여 영양분과 함께 동맥에 실어 보내 온몸을 순회하면서 공급한 뒤 정맥을 통해 다시 심장으로 되돌아오면 또 재생산을 통해 공급을 반복한다.

심장 박동수는 분당 60~100회가 정상이다. 분당 평균 80회라고 했을 때, 1년이면 4,200만 번이고, 기대수명인 80년이면 34억 번 뛴다. 요즘은 100세 시대라고 하니 족히 42억 번씩이나 뛰기도 한다. 또한 기쁜 일이나 등산 또는 달리기 할 때는 보너스가 더해져 좀 더 빨라지겠지?

조국의 심장은 어디인가!

삼국시대까지만 거슬러 올라가 보자. 고구려는 평양, 신라는 경주, 백제는 부여였다. 그 후 고려시대엔 개성이었고 조선시대엔 한양이었다. 일제 강점기엔 조국을 잃은 비통한 심정으로 상하이 임시정부를 수립했고 해방이 되자 한양을 서울로 바꿔 지금에 이르렀다.

하지만 세월이 지나면서 국민들의 정서와 의식도 점점 바뀌게 되었다. 어쩌면 지금 대한민국의 심장은 서울이 아니라 5천만 국민 개개인의 마음속인지도 모른다. 하루에도 각 개인의 심장이 11만 번 이상 뛰고 있기 때문이다.

썰매

 시베리아 지방에서 짐승과 물고기를 잡아먹고 사는 에스키모인들은 '시베리안 허스키'라는 개가 끄는 썰매를 타고 다닌다. 이를테면 화물용달차다. 이 에스키모인들은 늙고 병들면 사냥도 못 하면서 음식만 축낸다는 생각에 자식들에게 어떤 부탁을 한단다.
 그러면 자식들은 순순히 응해 몇 끼 식량을 실은 개 썰매에 태워 아주 멀리 가서 병든 아버지(또는 어머니)를 내려놓고 온단다. 그 후 며칠 지나면 얼어 죽는데 대부분 곰의 먹이가 된다. 그래서 가족들이 곰을 잡아먹으면 신체 일부가 가족의 곁으로 되돌아온다는 윤회사상이 곁들여 있다. 이는 그들만의 전통적인 풍습이라고 한다. 우리의 고려장(高麗葬)과는 대조적인 이야기다.

 어렸을 때 시골에서 자랐는데 밤새 눈 내린 다음 날, 집 근처 언덕길 꼭대기에서 비닐로 만들어진 비료 푸대를 깔고 앉아 스르르 미끄러져 내려오는 그 기분이 엄청 좋았었다. 또한 대쪽으로 만든 수제 스키를 타고 온 동네와 운동장을 누빈 다음에 꽁꽁 언 둠벙에서 신나게 달리다가 얼음이 깨져서 '풍~덩!' 빠져 하마터면 빙수(氷水) 인간이 될 뻔하기도 했다.

그리고 벼를 베고 난 논에 물이 고여 꽁꽁 얼면 동네 꼬맹이들이 총집결하여 싸구려 고무공으로 논두렁 축구를 할 땐 해가 넘어가는 줄도 모를 정도였다.

그렇게 여러 벌의 옷이 더럽혀지면 어머니는 아무 말 없이 언 손을 호호 불어가며 모두 손빨래했는데, 그때 당시에는 아무런 생각도 들지 않는 철부지였다.

지금도 '썰매' 하면 옛날 옛적의 아련한 추억들과 에스키모인들의 개 썰매와 X-마스 캐럴과 산타클로스가 겹쳐진 송년의 밤을 보내며 어머니를 떠올리곤 한다.

씨

우리나라의 성씨는 고조선시대부터 사용하였는데 초창기엔 10여 개에 불과했다. 지금은 280여 개로 늘어났고 그중 김·이·박·최·정 순으로 많다. 안타까운 일이지만 조선시대까지만 하더라도 노비나 부곡민 등 천민들은 성씨가 없었다. 그러다가 갑오개혁(1894)으로 인해 신분과 계급이 타파되면서 성씨를 가지게 되었다.

일제 강점기 말기엔 창씨개명을 강요당해 70~80%의 백성들이 일본식 이름으로 바꿨다. 그리고 몇 년이 지나 해방된 후 다시 우리의 성씨를 사용하였다. 나라 잃은 설움의 극치를 보여준 셈이다.

고려말인 공민왕 때 사간원 좌정언이었던 문익점은 원나라 사신으로 파견되었다가 목화씨를 붓 대롱에 숨겨 귀국하였다. 그래서 기존의 삼베옷에서 무명옷으로 바꾸게 하였다. 왕족과 권문세족들만이 입고 덮던 솜옷과 솜이불이 일반 백성들에게까지 확산된 것이다.

파푸아뉴기니의 바루야족은 철저한 부계사회인데 정액이 모든 것의 중심이라고 여긴다. 인간은 정액과 햇빛의 혼합물에서 나오며 여자는 이 혼합물을 담아놓는 하나의 그릇일 뿐이라고 단정 지은 것이다. 그리고 이 혼합물이 잘못 만들어지면 여자아이가 태어난다고 믿는다. 모유 또한 변형된 정액으로 간주한다. 난자의 존재를 몰랐거나 인정하지 않는 미개국가라고 아니할 수 없다.

동·식물들은 모두 종족 보존의 씨가 있다. 그래서 맛있는 육고기와 채소류를 우리에게 제공한다. 그들은 자발적으로 성씨나 이름을 만들지 못하기에 인간들이 편의상 이름만 지어준다.

오로지 우리 인간만이 차원 높은 호칭의 씨를 부여한다. 그래서 만물의 영장이라고 하는 걸까?

8부

ㅇ

아줌마	연탄	유통기한
안보 1	외판원	의자
안보 2	요양원	인사
압류	원	인생
양반	월요병	
여름	유언	

아줌마

 초딩 땐 고무줄놀이와 땅따먹기 놀이를 하고, 중딩 땐 사춘기를 겪으며 S-라인 몸매를 뽐내더니, 고딩부턴 엄마 몰래 화장품을 쓰고 데이트도 하더니, 대딩이 되어 자유를 만끽한다.

 그 후 이상적인 짝꿍을 만나 웨딩마치를 올리자마자 합작품인 2세가 태어났고 곧바로 아줌마 대열에 합류한다. 그러면서 고급스런 옷들 대신 '골라 골라 5천 냥!'짜리 시장통 옷을 자랑스럽게 사 입는다. 비밀 창고인 핸드백 대신 시장바구니를 들고, 하이힐 대신 운동화나 슬리퍼를 신으며 가정 경제에 혁혁한 공을 세운다.

 폭탄 세일과 무료 증정에는 빠짐없이 참석하여 정보 수집의 프로가 되어간다. 부부용이던 밥상 메뉴도 변해 자식들의 기호식품으로 대체되면서 남편에겐 아무 소리 하지 말고 주는대로 먹으란다. 거의 반협박 겸 공갈 수준이다.

 아줌마 자신은 통증에 시달리면서도 내색하지 않고 자식들에겐 아픈 덴 없냐, 사람 조심 차 조심해야 한다며 걱정드라마를 수백 번 방송하기에 바쁘다. 점점 세월이 지나면서

할줌마(할머니와 아줌마 사이)를 경유하며 회갑 무렵이 되면 한 세대 승진해 기필코 할머니가 되고 만다.

이제부터는 재롱둥이 손자·손녀를 보는 낙으로 살아간다. 아예 맡아서 기르는 경우도 있다.

그러다 보면 회갑 지나 칠순이요, 꽃이 만발했던 봄날은 여지없이 사라지고 낙엽이 우수수인 가을날이 찾아와 마지막 잎새를 바라보고만 있어야 한다. 인생무상과 허무와 고독을 날마다 곱씹으면서 말이다.

자식들에게 얽매여 자식들만을 위해 모든 것을 희생하며 헌신하는 지금의 대한민국 아줌마들은 그래서 위대한 존재일까?

안보 1

현재 우리 국군은 약 50만 명으로 신체 건강한 남아들이 의무적으로 입대하는 국민개병제다. 그러다 보니 입대 자원은 부족하고 병력은 너무 많다. 그래서 병력을 30만 명 수준으로 줄이고 신속히 모병제로 전환해야 한다. 병사들도 직업군인화해야 한다는 뜻이다. 그러면 인구 절벽에도 대비할 뿐만 아니라 일자리 창출에도 기여하는 셈이다.

또한 휴전선 155마일(250㎞)의 초소 간격을 두 배로 늘리고 취약지역에는 첨단 감시 장비를 설치해야 한다. 그리고 현재의 지역방어 작전 개념을 기동방어 작전 태세로 전환해야 한다. 지상전의 주요 침투로는 모두 분석되어 있으니 유사시에 집중 방어를 해야 한다.

병력이 대폭 줄어들면 주둔지나 훈련장의 30% 이상이 불필요하며 이를 민간에 매각하여 공단·주택·상가·농지 등으로 활용하면 일석이조가 아니겠는가.

현대전은 소총 들고 싸우는 지상전이 아니라 버튼만 누르면 신속하게 기동해서 박살 내는 공중전이다. 따라서 첨단 무기들을 많이 보유해야 한다.

장교나 부사관 양성 제도도 더욱 활성화해야 한다. 엄격하고 강인한 훈련과 교육을 통해 소수 정예화시켜야 한다. 물론 처우 개선도 뒤따라야 하겠지?

'한 마리의 사자가 이끄는 양의 무리가 한 마리의 양이 지휘하는 사자 무리를 거뜬히 이긴다.'고 했다.

장교는 아버지 같은 존재이고, 부사관은 어머니 같은 존재다. 아버지와 어머니가 머리를 서로 맞대고 지혜롭게 가정을 다스린다면 거친 세파도 거뜬하게 헤쳐 나가는 자식들이 되지 않겠는가.

안보 2

대한민국은 이스라엘 같은 군대를 보유해야 한다. 900만 명의 인구와 17만 명의 정규군에 불과한 이스라엘은 수억 인구의 주변 아랍국들에게 둘러싸여 있으면서도 국토나 국가 안보에 관한한 전혀 굴하지 않는다. 오히려 피의 복수와 응징으로 주도권을 쥐어나가고 있는 양상이다.

우리의 조선시대 때는 임진왜란(1592), 병자호란(1636), 한일합병(1910) 등의 수모를 겪었고 그 여파로 남과 북으로 나뉘어 서로 총부리를 겨누고 있다. 군사적인 면만 생각한다면 현재 우리의 주적(主敵)은 북한이고 일본이나 중국, 러시아 등은 위협 국가들이다.

국군통수권자인 대통령은 국제 외교나 경제 협력과 발전 분야에선 상생 원칙을 적용해야 하지만 국가 안보만큼은 독자적인 자주국방 태세를 갖추도록 힘써야 한다. 전시작전통제권(전작권)도 신속히 되찾아와야 한다. 6·25 발발 당시 이승만 대통령이 맥아더 장군에게 통사정해서 떠맡긴 전작권이다. 70여 년이 지난 지금에 와서도 사대주의에 물든 행보를 보여야만 하는지 의문시된다.

'평화를 원하거든 전쟁에 대비하라.'고 했다. 우리 집이 여러 가지로 어렵고 힘들면 친·인척들이 조금 도와줄지언정 모든 것을 해결해 주지 않는다. 식구들끼리 똘똘 뭉쳐 스스로 해결해 나가야 한다. 언제까지 미국의 핵우산 아래에서 한·미 동맹 또는 혈맹만을 목청껏 외칠 것인가!

대통령을 비롯한 국군 수뇌부와 각급 제대 지휘관들은 더욱 분투 노력해야 한다. 우리 대한민국은 스스로 지켜야지 치졸한 변명과 회피를 일삼고 개인의 무사안일과 영달만을 꾀한다면 머지않아 멸망의 길로 접어들 것이다. 심기일전하길 바란다.

대한민국 국군 장병들이여! 영원하라!

압류

어떤 햇살 좋은 봄날에 법원으로부터 압류통지서가 날아왔다. 조그만 구멍가게 수준의 사업을 한답시고 집을 담보로 은행에서 목돈을 대출받은 후 3년쯤 지날 무렵이다.

오픈 기념발 덕인지 처음엔 그런대로 장사가 잘되었다. 그러더니 6개월이 지나자 구멍 난 풍선에서 바람 빠지듯 점점 오그라든다. 도대체 이유를 알 수가 없다. 월급쟁이만 오래 했던 사회초년생이 밑바닥 경험도 없이 일찍 판을 벌였기 때문일까?

목구멍이 포도청인지라 우선 밥 먹고 자식들 뒤치다꺼리 하는 데 쓰다 보니 대출금 이자와 원금 분할 상환이 연체되기 시작했다. 그리고 2년이 지나자 노란 경고 사이렌이 울리고 6개월이 지나자 빨간색 레드카드가 거침없이 달려온다.

여기저기 구걸하다시피 해서 돈을 구해 급한 불을 꺼보지만 밑 빠진 독에 물 붓기요, 언 발에 오줌 누기다. 인공호흡기를 씌워 수명을 조금 연장한 것뿐이다.

적벽대전인지 황산벌 전투인지의 최후통첩이 날아오고 소총 앞에 버티고 선 창과 방패는 무기력한 장난감에 불과할 뿐이다. 바로 속수무책 그 자체다.

집행관(집달리)은 개선장군처럼 승전가를 부르면서 처참한 삶의 현장에 나타나 엽서 크기의 빨간 압류딱지 20여 장을 붙인다. 이제 우리들이 알아서 처분할 테니 굿이나 보고 떡고물이나 얻어먹으라는 뜻인가보다.

이대로 가면 길거리에 나 앉거나 달동네 판잣집을 구할 수 있는 지경에 처할 것이다. 이 수모를 갚기 위해 어떻게 오뚜기처럼 다시 일어선단 말인가.

전류보다 무섭고 급류보다 훨씬 공포스러운 압류! 기필코 멋진 일류가 되어 가증스런 압류딱지를 모두 불태우고 말리라.

양반

조선시대의 신분제도는 양인과 천인으로 나뉘어져 있었다. 양인은 양반·중인·상민이고 천인은 노비였다. 양반과 중인은 지배층인 반면 상민과 노비는 피지배층이었다.

특히 노비는 부모 중 한 명이라도 노비인 경우에는 아무리 뛰어난 재능을 가진 자식일지라도 노비 신분밖에 되지 않는 철저한 세습제였다.

양반은 동반과 서반을 지칭한다. 동반은 문반을 말하는데 정1품부터 8품까지의 품계이고 서반은 무반을 뜻하는데 종1품부터 8품까지를 가리킨다. 이는 조정에서 조회할 때 문반은 동쪽, 무반은 서쪽에 섰기 때문에 붙여진 명칭이다.

출생주의가 작동되는 이러한 유교 문화는 미국의 백인·흑인·노예 제도, 인도의 카스트 제도에 버금가는 정책이었다. 양반은 비록 굶을지라도 천한 노동이나 구걸해서는 안 되며 가부좌(양반 자세)를 한 채 곧게 앉아 수염이나 쓰다듬는 고유의 자세를 유지해야만 한다.

21세기가 밝은 지 20여 년이 지났건만 아직도 양반이란 말을 자주 쓴다. 편의상 상대방을 지칭할 때 쓰기도 하고 예의 바른 사람을 가리키기도 한다. 또한 자기 남편을 남에게 이를 때도 쓴다. 6백 년 전부터 시작된 모순투성이의 양반제도가 뿌리 깊게 유지되어 아직까지도 활개를 치고 있는 것이다.

양반!

지금 자칭 양반이라고 일컫는 고위 각료들은 스스로 양반이라고 자부할 수 있는지 묻고 싶다. 내가 보기엔 5,100만 명이 타고 있는 '대한민국호'는 망망대해에서 나침판도 없이 표류 중이라고 생각되기 때문이다.

여름

 학창 시절엔 여름을 무척이나 기다렸었다. 방학과 해수욕장이 동시 개봉작으로 기다리고 있기 때문이다. 여행 가방 둘러메고 친구들과 함께 콧노래 부르면서 바다로 향하는 기분은 하늘로 솟구칠 것만 같았다. 원두막을 굳건히 지키고 있는 동네 할아버지의 눈을 피한 오밤중의 수박 서리도 잊지 못할 꿀맛이었다.

 5월 초가 되면 여름이 시작되는 입하(立夏)다. 모가 한창 자라고, 보리 이삭이 패는 건 자연의 오묘한 순리다. 그리고 보름쯤 지나면 만물이 생장하여 가득 차는 소만(小滿)이다. 6월 초엔 씨뿌리기와 모내기, 보리베기가 한창인 망종(芒種)이 찾아오고, 오랜 시간 동안 일하라는 의미인지는 잘 모르지만, 낮이 가장 긴 하지(夏至)가 고개를 내민다. 청포도가 익어가는 7월이 되면 여름 더위가 시작되고 장마철도 어깨를 나란히 하는 소서(小暑)가 초복과 함께 노닌다. 그러다가 '염소 뿔도 녹는다.'는 대서(大暑)가 노크를 하면 더위에 지친 농부들의 애간장도 녹아내린다. 설상가상으로 중복도 맞장구를 치며 곧바로 달려든다.

그러니까 학창 시절의 나는 태양과 손잡고 함께 블루슨지 탱곤지를 추느라 하루해가 저물어가는 것을 아쉬워했고, 부모님을 비롯한 농부들은 비지땀 흘리며 농사와의 전쟁을 치르느라 노심초사하던 여름이다.

그렇게 저렇게 하면서 태양의 계절이 가을 문턱으로 빨려들자 신나는 여름 방학도 아쉬운 작별 인사를 고하고야 말았다.

수박 서리와 해수욕장이 양지에서 활개 치고 호미와 삽이 음지에서 바삐 움직이던 여름은 수많은 사연만을 남긴 채 내년을 기약하며 저만치 사라져 가고만 있다.

연탄

 연탄의 본명은 석탄인데 오랜 세월 동안 지하 깊숙이 묻혀 있다가 지상으로 진출한다. 어둠의 자식으로 살다가 태양의 아들이 된 이 연탄은 변신을 시도한다. 살아남기 위한 변신인지 살리기 위한 변신인지는 잘 모른다. 맛 좋은 조개를 그리다가 조개탄이 되기도 하고 정의의 주먹을 꿈꾸다가 주먹탄이 되기도 한다.

 가장 친한 연탄은 구멍 뚫린 구공탄인데 19공탄에서부터 22공탄을 거쳐 25공탄까지 업그레이드되었다. 구멍이 많아질수록 화력이 더 센 대신 빨리 타기 때문에 난방비 지출이 더 늘어난다.

 도심 속 달동네에 아버지와 아들이 연탄 배달을 한다. 200장이 실린 리어카가 15° 경삿길을 오른다. 아버지는 앞에서 뱃심으로 끌고 청춘 아들은 뒤에서 뽀빠이 같은 팔 힘으로 밀어붙인다. 리어카가 더 이상 올라가지 못하면 지게로 운반하는데 아버지는 8장을 싣고 아들은 12장을 실은 채 산악인처럼 올라간다. 그러다가 부자지간에 서로 눈빛이 마주칠 때면 씽긋 웃어주는 여유까지 부린다.

  그렇게 작은 창고에 쌓인 연탄은 전선의 초병처럼 12시간 맞교대 근무를 한다. 근무 중엔 적을 감시하는 대신 밥 짓고 국 끓이며 구들장을 뜨겁게 달군다. 그러고는 시뻘건 정열의 기력이 다하면 새하얗게 변한 채 사망 선고를 받는다.

  사후에도 골목 경사길 빙판을 무기력하게 만드는 최후의 효자 노릇을 한다. 죽어서도 기꺼이 장기 기증을 하는 아름다운 이웃과 사촌인가보다. 그러하니 연탄재 무시하며 함부로 걷어차지 말지어다. 걷어차는 그대는 언제 남 위해 뜨거운 정열을 바쳐본 적이 있었는가. 불의 세계에서 1세기 정도 지배했었던 연탄의 발자취가 훈훈하게 한다.

외판원

세일즈맨으로 불리는 외판원의 하루는 고난의 연속이다. 아침 일찍 빨간 넥타이를 매고 팜플렛과 계약서가 든 007가방을 들자 제임스 본드나 숀 코네리를 연상시키는 국제 신사 같다. 멋진 신사를 따라 대문 앞까지 배웅나온 여우 같은 마누라와 토끼 같은 딸이 번갈아가며 포옹하자 엔돌핀보다 훨씬 강력한 다이돌핀이 솟구친다.

하지만 골목길을 돌아 대로변으로 나오자 사하라 사막에 홀로 남겨진 나그네 같기만 하다. 어제와 마찬가지로 오늘도 경보 선수처럼 $10km$ 이상 걸어야 하기 때문이다. 특별히 정해진 곳도 없다. 그렇지만 어떻게든 오아시스를 찾아야만 한다.

외판원에겐 조국이 없고 오직 판매만 있을 뿐이다. 영하의 혹한 속에 살고 있는 에스키모인들에게 $2℃$의 신선한 고기맛을 보관할 수 있다며 냉장고를 팔아야 한다.

맨발로 뛰며 맹수와 쫓고 쫓기는 추격전을 펼치는 아프리카 토인들에게는 점프력이 뛰어나고 나무 꼬챙이에 찔릴 염려가 없는 첨단 기능의 신발을 구매토록 해야 한다.

작은 자영업을 준비하는 점포에 무작정 뛰어들어 짐도 들어주고 물건도 날라줘서 50점 따고 눈도장도 찍어야 한다. 팔이 안으로 굽듯 인지상정 아니겠는가.

죽장 대신 가방을 들고 삿갓 대신 모자를 쓴 외판원은 방랑시인 김삿갓처럼 거친 사막을 누빈다. 그리고 낙엽이 뒹구는 가을 아니면 눈보라 치는 겨울의 두 계절만을 소유한 채 시린 골짜기를 걷기도 한다.

그래서 외판원은 슈퍼맨이다.

요양원

 칠순을 훌쩍 넘긴 할머니가 도심 속 변방의 단칸방에 홀로 살다가 어느 날 동네의 작은 재래시장에서 물건을 산 후 귀가를 하지 못한다. 자그마한 장바구니를 껴안고 달빛을 벗 삼아 몇 시간 동안 나그네처럼 떠돌다가 치안 센터의 야간 순찰조에게 발견된다. 다행히 할머니의 소지품 중에 가족의 연락처가 있어서 비상사태 선포 후 장남에게 인계된다.
 그래서 5남매가 한자리에 모여 비상대책회의를 열었는데, 모시겠다는 자식은 없고 이구동성으로 요양원행을 주장하여 만장일치 통과와 동시에 즉시 집행하기에 이른다.

 그렇게 해서 요양원 생활이 시작된다. 낯선 시설의 낯선 사람들을 볼 때마다 다소 의아해하던 할머니는 요양보호사들의 지극정성 덕분으로 조금씩 안정을 되찾는 듯한다. 하지만 세월 앞에 장사 없듯 해가 바뀌면서 정신과 육체가 점점 쇠약해지더니 거동이 불편하여 휠체어에 의지해야 한다.

가물에 콩 나듯 자식들이 다녀가지만 눈만 멀뚱멀뚱 뜬 채 잘 알아보지 못한다. 그러다가 침대에서만 생활하는 송장이나 다름없는 상황에 처한다. 그래서 며느리나 딸 대신 요양보호사들이 기저귀 갈고 밥도 먹여준다.

머지않아 요양원 앞 119 구조대 담벼락에 붙어있는 담쟁이넝쿨의 마지막 잎이 떨어지면 생을 마감할 것이다. 피 끓는 젊은 시절 동안 5남매를 키우느라 피골이 상접했었던 그 날들을 뒤로 한 채 말이다.

'현대판 고려장'이라 불리는 요양원의 하루는 어제와 별 차이가 없는 현재진행형이다.

원

 타원형의 달걀은 세상을 둥글둥글하게 살아야 한다고 가르쳐준다. 생각은 노른자처럼 알차고 신중하게, 말은 흰자처럼 담백하고 새콤달콤하게 해야 한다고 암시하는 것만 같다.

 원을 생각하면 원주율(3.14…)이 떠오른다. 그리스의 수학자인 아르키메데스(BC 287~212)는 원주율을 계산해냈다. 2천여 년 전에 원의 지름보다 3배 남짓인 원의 둘레를 어떻게 계산했는지 신기하기만 하다.
 그는 지중해의 시칠리아섬에서 살았다. 그의 집엔 직접 발명한 오목 렌즈를 비롯하여 온통 원에 관련된 물건이나 자료들이 가득했다. 그러다가 전쟁이 일어나 로마군이 쳐들어왔는데 '내 원에 손대지 마라.'고 소리친 후 시퍼런 칼날에 쓰러져갔다. 70대 노인의 마지막 자존심인 셈이다.

 소태산 박중빈(1891~1943)도 떠오른다. 그는 일제 강점기인 1916년에 26세의 나이로 원불교를 창시했다. 불상 대신 둥그런 일원상(一圓相)을 믿으며 시주와 동냥을 하지 않는 원칙을 세웠다. 이 원불교는 간척 사업과 황무지 개간 등 생산 활동을 한다. 이를테면 민중들과 함께 호흡하는 생활 불교다.

계수나무 아래에서 토끼들이 뛰어노는 쟁반같이 둥근 달도 떠오른다. 오작교 아래에서 순이와의 달콤한 첫 키스도 함께 말이다.

할아버지가 꼬박 밤새워 가며 지키는 원두막의 수박과 참외들도 생각난다. 거기서 실컷 먹고 한여름 밤의 꿈을 꾼 적도 있다.

80억 명이 사는 지구촌도 둥그런 원처럼 생겼다. 그 수많은 사람이 한데 어우러져 둥글둥글 살다 보면 날마다 기쁜 일만 있지 않겠는가!

월요병

 월요일 아침이면 시작부터 피곤하다. 주말에 실컷 놀고 출근이나 등교를 하려 하니 벌써부터 무기력한 권태감이 쓰나미처럼 밀려온다. 누가 나의 생체 리듬을 이렇게 발기발기 찢어 놓았단 말인가!
 달·화성·수성·목성·금성·토성·해가 일곱 빛깔 무지개처럼 빛나는 1주일 중 하필이면 월요일만이 나를 이리도 힘들게 만드나. 달이 문제다. 정월대보름이나 한가위 때는 밝고 기쁘게 해주더니 왜 평상시엔 초승달이나 그믐달이 되어 어두운 골목길을 헤매게 만드는가.
 화요병은 없나? 금요병이나 주말병은 얼마든지 걸려도 좋다.

 피할 수 없다면 즐겨야 하는 것인가!
 그래, 정면 승부하자. 평상시보다 1시간 먼저 일어나서 스트레칭도 하고 조깅도 해서 바이오 리듬을 팍팍 올리자.
 아침 식사도 든든하게 먹은 다음에 양어깨를 활짝 펴고 대문을 나서자. 그리고 이틀 동안 보지 못했던 동료들이나 급우들에게 미소 띤 얼굴로 먼저 인사하자. 하지만 보이는 사람 모두들 절반쯤 찌든 얼굴에 조금 처진 어깨, 힘없는 발걸음 등 무기력증에 시달리고 있구나.

'위기는 곧 기회다.'고 하질 않던가. 주변 사람들이 비실비실·흐물 흐물·흐느적 흐느적 하고 있을 때 정신 바짝 차리고 전진하자. 그러면 직무 성과가 팍팍 올라갈 것이고 학업 성적도 천정부지로 치솟을 것이다. 그렇게 하다 보면 내 인생의 화려한 미래가 펼쳐지지 않겠는가. 뚜렷한 처방전이 없는 월요병은 나약한 자신과의 싸움이다.

'남을 이기면 일등이 되지만 나를 이기면 일류가 된다.'고 그 누가 말했던가. 월요병을 극복하고 일류를 향해 전진 또 전진이다. 지화자!

유언

유언은 죽음에 이르러 남기는 말 또는 단독의 의사 표시인데 자필 증서, 녹음, 공정 증서, 비밀 증서 등이 있다. 재산을 많이 모았거나 사업체를 가진 사람들이야 구구절절 쓰거나 할 말이 많겠지만 빈털터리나 빚을 지고 있는 사람은 유언이 아니라 유구무언(有口無言)일 것이다. 유족에게 그저 미안하고 한편으론 부끄러울지도 모른다.

독일의 음악계 영웅인 베토벤은 '친구들이여 박수 치게. 드디어 희극이 막을 내리지 않나.' 하며 조소 섞인 유언을 남겼다. 발명왕 에디슨은 저승에서도 발명할 일들이 많아 보였는지 '저곳은 참으로 멋진 것 같소.'라며 떠났다.

종교개혁의 선두주자였던 마르틴 루터는 '우리가 가진 것이 아무것도 없는 빈털터리라는 것은 사실입니다.'라는 말을 남겼다. 유교의 시조인 공자는 '지는 꽃잎처럼 현자는 그렇게 가는구나.'라며 최후의 순간까지 지존을 지켰다.

폭군 네로는 '한 예술가가 가고 세계는 혼란스러워지누나.'라며 자존적 유언을 남겼다.

파란만장한 인생 역정을 겪으며 살아온 사람들은 심오한 철학이 담긴 유언을 남기겠지만 지극히 평범하게 살아온 범인(凡人)들은 특별히 부탁하거나 주문할 유언이 없으리라. 후자에 속한 나로서도 뜻깊은 여생을 보내고 무엇인가 한마디를 남기고 떠나려 한다.

유통기한

대형마트의 즉석조리 코너에 가면 당일까지 유통기한인 식품들을 50% 바겐세일한다. 때론 70% 할 때도 있다 그래서 실속파 소비자들은 느지막하게 방문하여 아주 흡족한 미소를 짓곤한다.

우리 인간의 평균 수명이 80년이라면 60만 번 웃고 3,000번 운다고 한다. 200번 웃을 때마다 양념으로 한 번씩 우는 꼴이다. 웃을 일이야 동네방네에 널려 있으니 생략하고 울었던 일들만 살며시 짚어보자.

태어날 땐 전입신고하느라 세차게 울어대고 밥숟가락 들 때부턴 반찬 투정하면서 울어댄다. 학창 시절엔 용돈 적다고 징징거리고, 급우와 싸워 울고, 시험 망쳤다고 또 운다. 대학 낙방해서 비통해하고 실연당한 뒤 쐬주잔 붙잡고 끄억끄억 주접을 떤다.

어찌어찌 결혼해서 잘 사는 것 같더니만 실직당해 눈물 글썽이다가 늙은 부모한테 손 내밀며 읍소한다. 좀 더 세월이 지나 늙으신 부모 치료비 제대로 못 대줘 일찍 돌아가시게 했다며 통곡하고, 이제 먹고 살만 하니 보살펴 드릴 부모가 안 계시다며 또 흐느낀다. 그러다가 황혼 녘이 되어 늙고 병들자 청춘을 돌려달라며 하소연한다.

여기까지 3,000번 울음 중에 한 번 남아있다. 미우나 고우나 내조의 여왕을 자처하며 반세기 넘게 고락을 함께한 조강지처를 남겨두고 먼저 가려 하니 서글퍼서 눈물이 절로 난다. 그래도 사랑의 유통기한이 가장 긴 것일까? 일심동체가 되어 말하지 않아도 서로 유통이 잘 되는 건가.

포장지에 명시되지 않은 우리네 유통기한은 각자의 마음속에 정해져 있지 않을까?

의자

 초등학교 다닐 땐 선남선녀끼리 의자를 함께 쓰다시피 했으나 중·고등학교 땐 남녀가 '따로국밥'처럼 따로따로 놀았다. 그러다가 대학생이 되자 지상낙원이 따로 없다. 4년 내내 여자 냄새 맡기 좋은 의자에만 앉다 보니 샤넬5 향수를 온통 뒤집어 쓴 느낌이다.

 그리고 자랑스럽게 군 복무를 마치고 복학해서 우수한(?) 성적으로 졸업한 뒤 취업에 성공했다. 드디어 목에 힘준 채 첫 출근을 하는데 사무실 청소와 복사기 안전 운행이나 하란다. 기대가 크면 실망도 큰 것인가. 저기 부장님의 회전의자가 마냥 부럽기만 하다. 나는 언제쯤에나 빙글빙글 도는 의자에 앉아보나.

 '세월 앞에 장사 없다.'고 했던가. 무심하게도 사오정을 지나 오륙도가 되었다. 이제 5년만 있으면 회갑이자 정년이다.

 삼십 년 전에 우러러 보이던 부장님의 회전의자보다 훨씬 더 좋은 의자에서 일한 지도 벌써 3년째다. 볼펜 한 자루 들고 뱅그르르 돌면서 결재하고 몇 가지 확인 점검하면 일과

끝이다. 그렇게 2인자 의자에 몇 년 앉아 있다가 정년퇴직을 하자 졸지에 내 의자는 흔적조차 없이 사라져버렸다. 대신 우리 집 골방의 노트북용 싸구려 의자가 나를 반긴다.

백제의 마지막 왕이 의자왕이다. 집권 초기엔 신라의 관문인 대야성도 함락시키더니 말기의 레임덕이 빨리 찾아왔는지 의자에만 앉아 있다가 망국의 비운을 맞이했는지도 모른다.

1400년 전이나 지금이나 변함없이 의자는 존재한다. 디자인 빵빵의 다양한 의자 중에 어떤 의자에 앉아 무슨 일을 할 것인지만 변해갈 뿐이다.

그 의자 선택은 각자의 몫이 아니겠는가!

인사

 지방자치제가 부활하여 시행된 지 30년이 넘었는데 인사권을 시장이나 도지사 등 단체장이 쥐고 있으니 편 가르기와 줄 세우기는 물론이고 매관매직의 뇌물이 빈번하다.
 말 그대로 '인사는 만사'라고 하는데 적재적소와 형평성의 원칙이 지켜진다면 더할 나위 없겠지만 그렇지 못한 경우도 많다.

 국회의원은 지름 1.6cm의 6g짜리 배지를 달고 있다. 평균적으로 국민 17만 명을 대변하는 자부심이자 권위의 상징이기도 하다. 그런데 카멜레온처럼 변신의 귀재들이 아닌가 의심스러울 정도다.
 선거 운동을 할 때까지만 해도 국민에게 90°에 가까운 인사를 했었다. 그리고 당선된 후 의원 배지를 받은 다음 날, 정형외과에 가서 목에 깁스한 뒤 인사를 받으려고만 한다. 아마 3년 6개월 동안은 그 깁스를 풀지 않을 것이다. 그 깁스 때문에 펜을 굴리지 못해 빈둥빈둥 놀고먹으며 1,500만 원이 넘는 월급만 꼬박꼬박 챙겨가는지도 모른다.

침대에서 일어나 식사 전까지 최소한 세 사람에게 인사하지 않으면 아침밥 먹을 자격이 없다고 했다. 또한 우리는 그동안 인사도 제대로 하지 않는 형편없는 인사를 대통령이나 국회의원으로 뽑아 나라를 악의 구렁텅이로 더 몰아넣는 뼈아픈 과거를 지녔고 최근까지도 쓰디쓴 경험을 맛보았다.

우리 모두 인사도 잘하고 유능한 인사도 잘 뽑는 미래를 향해 나아갔으면 좋겠다.

인생

 나그네·방랑자·하숙생의 공통점은 무엇인가! 또 있다. '한여름밤의 꿈'과 '낯선 여인숙에서의 하룻밤' '화려한 소풍'도 모두 여기에 해당한다.
 사람끼리 서로 기대고 사는 것이 인생이라면 서로 등지고 웬수처럼 사는 것도 인생이다. 스스로에게 박수치며 사는 것도 마찬가지겠지?
 '뿌리 없는 부평초'나 '백발도 내일모레' '풀 끝의 이슬' '대문 밖이 저승' 등등 속담도 많다.
 '인생은 멀리서 보면 희극이지만 가까이서 보면 비극이다.'고 했는데 정말일까?

 누군가 인생의 세 가지 적은 '허우적·뭉그적·흐느적'이라고 했다. 물에 빠져 허우적대기도 하고 느림보 거북이처럼 뭉그적대며 흔들리는 갈대처럼 흐느적대는 일들을 하지 말라는 것이리라.

인생을 하루에 비하면 서른 살은 이제 오전 아홉 시이고 회갑은 오후 여섯 시다. 인생은 60세부터라고 하니 황혼을 불살라 아름다운 오늘을 만들어야 하리라.

'젊음은 찬란하지만 노년은 아름답다.'고 하지 않던가. 또한 '혼자 부르는 긴 노래'라고 하니 목청껏 부르지 말고 목을 잘 다스려 휘파람 불듯 나지막하게 4절까지 불러야 하지 않을까?

인생은 커다란 붓을 들고 한 폭의 자화상을 그리는 여정인지도 모른다.

9부

ㅈ

자살	전화기	지갑
자연인	정화조	지동설
자취	족보	집
잠	줄다리기	찌개
잡초	중풍	

자살

 우리나라가 선진국들의 모임인 경제협력개발기구(OECD) 국가 중 자살률 1위라는 오명을 쓰고 있다고 한다. 선진국이라고 자부하는 대한민국의 수치가 아닐 수 없다.

 '자살은 죽고 싶은 마음이 가해자요 살고 싶은 마음이 피해자'라고 누가 주장했는데 나 또한 전적으로 동의한다. 성적·취업·가난 등이 자살의 이유가 될 수 있는가.

 우리 선조들은 원(몽골)의 지배, 임진왜란, 병자호란, 일제 식민지, 6·25 전쟁 등 수많은 혼란기에도 굴하지 않고 꿋꿋하게 살아왔다. 머슴살이도 마다하지 않고 어떻게든 맥을 이으려 발버둥 치며 살았다.

 설령 금수저가 아닌 흙수저로 태어나 불이익과 위화감이 팽배해졌다고 치자. 그렇다면 자신도 금수저가 되기 위한 노력을 하고 있는가. 흙수저끼리 똘똘 뭉쳐 금수저의 부당함에 맞설 용기는 없는 것인가. '자살'을 뒤집으면 '살자'가 된다. 부모로부터 물려받은 소중한 육신을 함부로 훼손하지 말고 저마다의 능력과 소질을 계발하여 떳떳하게 살아갔으면 한다.

모든 것은 마음먹기에 달려있다. 일자리도 널려있다. 과욕은 금물이다. 눈높이를 조금만 낮추면 된다. 속담에 '개똥밭에 굴러도 이승이 좋다.'고 했다.

 주식·도박·게임 등에 몰입하여 그러잖아도 짧은 인생을 망치지 말았으면 좋겠다. 주식(株式)은 '자본주의의 꽃'이고 주식(主食)은 쌀이다. 하지만 어설픈 실력으로 일확천금을 노리는 주식(株式)이 문제다. 여차하면 패가망신의 지름길이다. 그리고 예전엔 꽁보리밥이 주식(主食)이었지만 요즘엔 흰쌀밥을 먹는다. 그것으로도 충분하다.

 소중하고 값진 인생이 헛되지 않도록 한 걸음씩 전진해 나가자. 그래서 '자살'을 뛰어넘어 열심히 살자.

자연인

 고즈넉하고 한적한 시골길을 거닌다. 제일 먼저 눈에 띄는 건 야트막한 산과 널다란 논과 밭이다. 산은 곡선미를 자랑하며 병풍처럼 둘러쳐져 있고 뭉게구름 조각들이 그 병풍 사이를 오가며 즐겁게 노니는 것만 같다.
 논은 벼가 절반 정도 자라 성인 반열에 끼워달라고 아우성치는 듯하다. 밭은 고추·깻잎·옥수수·가지 등 많은 작물이 서로 키재기를 하며 싱싱함을 뽐내고 있다.
 두루미는 하천 변을 서성이며 맛있는 식탁을 준비 중이고 고추잠자리들은 하릴없이 빙빙 돌아다니며 태양의 계절을 만끽하고 있는 듯하다.
 그 순간 한 가닥 시원한 바람이 불어닥쳐 땀방울을 살짝 스치며 무더위를 조금이나마 식혀준다.

소음과 공해와 번잡함에 찌든 도시를 떠나 야외에 나오니 태초의 자연인으로 돌아가는 느낌이다. 얼키설키 얽힌 가정사와 일터에서의 복잡다단함을 떨쳐버리고 세 살짜리 어린아이처럼 그저 즐겁게 노닐고만 싶다. 무릉도원이 따로 없다.

 나는 실타래처럼 얽혀 계산기 두드리기 바쁜 도시의 과학인이 아니고 태초의 벌거벗은 순수함을 간직한 자연인이고 싶다.

자취

 자취는 손수 밥을 지어 먹으면서 생활하거나 어떤 것이 남긴 표시나 자리를 뜻하기도 한다. 농부의 아들로 태어나 시골에서 제법 공부를 잘하면 도시의 고등학교로 진학한다.
 그러면 하숙을 해야 하는데 여유롭지 못한 살림살이 탓에 부득이 자취를 하게 된다. 학교 근처의 외진 곳에 전세나 사글세로 싸구려 단칸방을 얻고 연탄불에 밥을 지었다.
 수도가 없기에 펌프질을 해서 지하수를 끌어 올려 쓰기 때문에 불편하기 그지없다. 노트북은커녕 TV도 없다. 겨우 트랜지스터라디오만이 세상사를 일깨워주는 유일한 정보원이었다.
 시골에서 부모님이 화물 편으로 김장김치나 쌀과 보리, 고추장과 된장을 보내주면 지게나 리어카에 실어서 자취방으로 옮기곤 했다. 당시에는 '택배'라는 용어 자체도 없던 시절이었다.
 그래도 모두 용감하고 씩씩하게 자랐으며 나름대로의 꿈을 실현하기 위해 발버둥 치면서 살았다.
 여기까지가 반세기 이전의 학창 시절 자취 이야기다.

요즘엔 원룸이나 투룸, 혹은 아파트를 전세로 얻거나 궁여지책으로 고시원을 선택하기도 한다. 물은 온수와 냉수가 번갈아 가며 쏟아지고 TV와 인터넷이 정보의 홍수 속으로 빠져들게 하며 냉방과 난방이 스스로를 춤추게 만든다.

전기밥솥이 따끈따끈한 쌀밥을 짓고 편의점에 가면 햇반이나 도시락이 널려있으며 돈이 없어서 못 사 먹는 경우는 거의 없다. 필요하면 식당이나 편의점 등에서 알바를 하면 용돈은 궁하지 않게 쓸 수 있다.

이런 고급스런 환경에서 자취생활을 하면 오르지 못할 나무가 없고 이루지 못할 꿈이 있겠는가! 그야말로 화려한 발자취를 남길 수 있는 최적의 조건이다.

젊은이들이여! 꿈과 희망을 고이 간직한 채 더욱 정진하기 바란다.

잠

그 누가 '잠은 뇌의 부동자세'라고 했다. 우리가 살아가면서 잠은 필수적인데 보통 하루 중 30% 정도의 수면을 취한다. 잠의 종류는 많고 개인마다 다양한 현상을 보인다.

세상이 복잡하고 어지럽다 보니 깊은 잠을 못 자고 자꾸만 깨는데 이를 괭이잠 또는 노루잠이라고 한다. 군기가 바짝 들어서인지 꼿꼿이 앉은 채로 자기도 하는데 말뚝잠이라 하고 짧은 틈을 이용해 불편하게 자는 쪽잠도 있다.

또한 새우처럼 등을 구부리고 불편하게 자는 새우잠, 좁은 공간에서 여럿이 잘 때 몸을 옆으로 누워 자는 칼잠, 걱정이 앞서 조바심하며 자는 사로잠이 있다. 잠 중에 가장 좋은 잠은 한 번도 깨지 않고 푹 자는 통잠 또는 아주 깊이 자는 귀잠이 있다.

잠 중에 역설수면이 있는데 깊은 잠에 빠져 있으면서도 격렬한 신경 활동을 보이는 모순적인 상황을 일컫는 잠이다. 보통 15~20분 지속하는데 아기들은 1/3이 역설수면이고 어른들은 5~10% 정도라고 한다.

학창 시절에 떠돌던 말 중에 4당 5락이 있었다. 네 시간 자면 합격이고 다섯 시간 자면 낙방이라는 뜻이다. 그래서 고3 때는 잠 안 오는 약을 먹기도 했다. 하지만 역부족으로 인해 원하는 대학에 가지 못했고 외롭고 쓸쓸한 재수의 길을 걸었었다.

결혼 후 어른이 되어가면서부터는 괭이잠과 노루잠과 쪽잠과 새우잠과 사로잠을 두루두루 맛보면서 살았다. 이제는 잠의 전성시대가 지나고 천장과 벽을 멀뚱멀뚱 바라보며 생각에 잠길 때가 더 많다. 어차피 곧 있으면 영원히 잠잘 텐데 잠자는 시간이 아깝다고 생각할 때도 있다.

잠은 일과 휴식, 삶과 죽음을 맛보는 약방의 감초 같은 필수 불가결한 존재일까?

잡초

가꾸지 않아도 저절로 자라는 여러 가지 풀이 잡초다. 생명력이 강한 잡초는 세찬 비바람이나 눈보라에도 끄떡하지 않는다. 번식력 또한 왕성하다.

들판의 잡초들은 소나 말 등의 먹이가 되고 퇴비로 재탄생하여 농부들의 마음을 흡족하게 한다. 또한 불쏘시개로 변신하여 마지막 불꽃을 피우기도 한다.

잡초의 대표 선수는 잔디다. 밟아도 뿌리치며 뻗어나고 뭉개도 또다시 솟구쳐 살아남는다. 그러면서 아름다운 정원과 편히 쉴 수 있는 공간을 만들어 준다. 우리 백의민족의 근성과 매우 흡사하다.

반면에 화초는 어떠한가.

물과 적당한 온도를 맞춰주지 않으면 금세 시들시들해진다. 처음엔 경상이었다가 점점 중상을 거쳐 응급실로 실려 간 후 얼마 못 가서 사망 선고를 받는다. 온실 속에서만 아름다운 꽃을 피워 눈과 마음을 기쁘게 해주지만 생명력이 약하다. 이를테면 화초 근성이다.

잡초 근성을 길러야 한다. 20세가 넘어서도 부모에게 매달려 손과 입만 벌리고 있으면 되겠는가. 식당이나 편의점 등에서 알바도 해보고 공장에서 주·야 맞교대 근무도 해봐야 한다. 때론 막노동 현장에서 비지땀을 흘리며 눈물 젖은 빵을 먹어봐야 돈의 가치와 인생의 참맛을 알게 된다. 그러면서 세상 물정을 깨닫게 되고 점점 자생력을 키워나간다.

잡초를 화분에 심어 놓으면 화초라 한다. 그리고 쑥욱 쑥욱 더 잘 자란다. 반면에 화초는 들판에 내놓으면 금세 비실비실대다가 생을 마감한다. 허약한 화초보다는 강인한 잡초가 되는 것이 어떠한가.

전화기

 '번식력이 왕성한 생활필수품'인 전화기는 150년 전쯤에 미국의 과학자인 알렉산더 벨(1847~1922)이 서른 살 때 발명하여 특허를 받았다. 처음엔 자석 발전기를 돌려서 교환원을 호출한 뒤 지역과 전화번호를 말하고 끊으면 2~3분 후 다시 벨이 울려 통화가 이루어졌다. 지금 생각하면 구석기 시대의 전화기나 다름없다.

 그러다가 공전식과 자동식을 거쳐 전자식으로 진화하였고 40년쯤 전에 휴대 전화기가 등장하여 이제는 초등학생들도 휴대폰을 들고 다닌다.

 반세기 전쯤의 가난했던 시절에 서울로 돈 벌러 간 시골의 젊은 청춘 남녀들은 가족과의 연락 수단으로 동네 부잣집의 전화번호를 애지중지 소유했다.

 고향을 떠난 지 계절이 한 번 바뀔 때쯤 동네 부잣집의 검고 뭉퉁한 전화기가 울려대면 주인의 막내아들은 온 동네를 뛰어다니며 빨리 전화 받으라는 전령 역할을 했다. 그때 당시에는 3분 단위 한 통화를 기본으로 요금을 계산했는데 대기 시간이 길어질수록 장거리 전화 요금이 천정부지로 치솟았기 때문이다. 그래서 전달자나 당사자 모두 마라톤 선수처럼 허겁지겁 뛰어다니기 일쑤였다.

요즘엔 통신이 너무 발달하여 얼굴 마주 보며 대화하는 화상 통화는 물론이고 사회 관계망 서비스(SNS) 등 부가적인 기능까지 있어 정보의 홍수 속에서 살고 있다.
아무튼 전화기는 현대인의 생활필수품이 되었고 아편 비슷한 중독증으로 인해 길거리에서도 네모난 휴대폰만 들여다보는 신종 사고뭉치로 변했다.
그러니까 150년 만의 전화기 혁명 또는 쿠데타라 해도 과언이 아닐 정도다.

정화조

 정화조는 똥과 오줌을 하수도로 내보내기 전에 가두어서 썩히고 소독하는 통을 말한다. 아름답게 표현해서 정화조지 쉽게 말하자면 똥통이다.
 우리들의 아버지 세대까지만 하더라도 똥은 농사짓는데 핵심적인 영양분이었다. 그래서 온 동네를 순회 방문하여 무료로 수거해갔다. 당시에는 큰 항아리를 정화조 대신 썼기에 한 집 당 소매통 2개 분량이 전부였다. 수거된 오물은 텃밭 한쪽에 설치된 커다란 저장 탱크에 옮겨 담아 5~6개월 정도 숙성시켜 봄이 될 무렵, 밭에 골고루 뿌렸다. 똥장군으로 변신한 아버지들은 그 역겨운 냄새를 맡으면서도 식구들이 먹을 풍년 농사의 밑거름이라는 생각에 배시시 미소지을 뿐이었다.

 요즘은 화장실이라고 부르지만 예전엔 변소 또는 치간이라고 했다. 절에 가면 해우소(解憂所)라고 쓰여있다. '근심을 푸는 곳'이란 뜻인데 배설의 기쁨을 그렇게 표현한 것 같다.
 화장실의 역사도 깊다. 임진왜란이 발발했던 430년 전 무렵에 서양에서 세계 최초의 수세식 변기가 발명되었고, 우리나라에선 60여 년 전에 세면기·변기·욕조 등을 갖춘 아파트 화장실이 선보였다.

이런 오물들을 정화 시킬 때는 시청이나 구청에서 운영하는 수거 차량이 집집마다 돌아다니며 굵은 호스로 빨아들여 2~3만 원의 수거비를 받는다. 운영비와 봉급이겠지?

아무튼 인류의 역사가 50만 년이라고 하는데 초창기 때보다는 다양한 메뉴를 섭취하는 현대 사회의 배설물이 더 고급스럽지 않을까?

정화조 또는 똥통, 화장실 또는 변소의 역사는 인류가 멸망하는 그 순간까지 지속되리라.

족보

 족보의 기원은 중국의 육조(오·동진·송·제·양·진) 시대부터 시작되었으며 북송(北宋)의 대문장가인 구양수와 소순과 그의 아들 식(軾) 등에 의해 편찬된 것이 가장 잘 된 족보의 모범이라고 칭한다.

 우리나라에서는 대략 5세기경부터 성(姓)씨를 썼고 최초의 족보는 해주 오씨(1401)다. 그러니까 유교를 숭상하는 조선시대에 들어서면서부터 족보가 서서히 등장한 셈이다.

 내가 어렸을 때 어른들께 성명을 말하면 성씨의 본(本)이 어디냐, 시조가 누구이며 몇 대 손이냐, 항렬자가 뭐냐는 등의 질문을 했고 나는 대충 얼버무리기 일쑤였다.

 이를테면 족보를 따지는 것이다.

 하지만 새천년이 밝은 후의 요즘엔 별로 관심이 없다. 오히려 그런 질문을 하는 어른들이 이상하다는 듯이 쳐다본다. 그보다는 학교 시험 문제의 유형이나 10여 년 전부터 출제되었던 문항들의 집합체인 시험 족보에 더 관심이 많다.

또한 토익이나 토플 성적, 각종 자격증, 경험했던 직장이나 알바 등의 스펙에 더 매력을 느끼고 호감을 둔다. 하늘천 따지 등의 고리타분하고 케케묵은 유교 사상에 찌든 족보가 무슨 소용이냐고 생각하는 것 같다. 시대의 변천이 사람들의 생각을 바꾸고 생각의 변화가 곧 먹고 사는 문제와 직결된 현실적인 사고로 전환되는 것이다.

 족보! 세월의 부침과 함께 가문의 영광이 아닌 내 개인의 삶을 풍요롭게 누리는 방향으로 변해가고 있다.

줄다리기

 초등학교 다닐 땐 넓은 운동장에서 굵은 밧줄을 마주 잡고 서로 밀당을 즐겼다. 싸우는 당사자들보다는 '청군 이겨라!' '백군 이겨라!' 하며 힘껏 소리치는 응원전이 더 흥겨웠다. 이른바 청백전이다. 중·고딩 땐 공부하기에 바빠서인지 운동회 같은 건 없었다. 그러다가 대딩이 되면 우정보다는 애정에 더 관심을 갖게 된다. 친구는 그냥 매일 보다시피하니 그리움이나 석별의 정 같은 건 별로 없다.

 하지만 이성과의 교제는 이상야릇하다. 미끼를 던지는 쪽과 덥석 물지 않으려는 쪽의 밀당은 단기전이 될 수도 있고 장기전이 될 수도 있다. 변형된 줄다리기 게임이다.

 '여자는 애인이 생기면 친구 하나를 잃는다.'고 한다. 친구 만날 시간에 애인을 만난다는 뜻이겠지? 반면에 '남자는 애인이 생기면 친구 하나가 더 는다.'고 한다. 여자의 사랑 예감은 무한대의 깊이지만, 남자는 1m도 못 된다는 뜻인가?

 군대에 가면 고참과의 밀당이 시작된다. 이등병 땐 일등병과, 일등병 땐 상등병과의 신경전이다. 한 끗발 차이의 복잡미묘한 줄다리기다.

대학 졸업 후 직장인이 되면 당연히 상사와의 밀당이 시작되겠지? 아니, 입사 동기와의 밀당이 더 치열할지도 모른다. 기본적인 업무 수행 능력은 물론이고 상사 비위 맞추기와 눈치껏 처신하며 줄서기, 출·퇴근, 근무 태도 등이 줄다리기의 극치를 보여주는 시기인지도 모른다.

 마지막 줄다리기는 재산 상속과 분배에 관한 부모와의 각축전이다. 기여한 공로는 없어도 내 몫은 확실하게 챙기려는 법정파 자식과 세상만사 둥글둥글 물렁물렁한 여유파 자식의 줄다리기는 심판 자격으로 호루라기를 쥐고 있는 부모의 몫이다.

 운동장에서의 줄다리기 역사는 1세기 남짓밖에 되지 않지만 세상사의 줄다리기는 수천 년 전부터 시작되어 수만 년 후까지 지속될지도 모른다. 아니, 지구의 종말이 오는 그날까지도 지속되지 않을까?

중풍

 사람 몸속에 흐르는 피는 동맥을 따라 전신에 영양분을 공급하고 정맥을 따라 다시 심장으로 집결하여 재생산 후 순환을 반복한다. 그런데 이 피는 항상 맑고 깨끗하지만은 않다.

 피 속에 지방 성분이 많아 고지혈증이 발생하면 피가 점점 끈적끈적해지면서 혈액 순환이 더디거나 혈관 벽에 이물질이 엉겨 붙어 좁아지거나 막히게 된다. 또한 혈전(피떡)이 생겨 혈관을 막아버리면 곧바로 의식을 잃고 쓰러지게 된다.

 중풍(뇌졸중)은 뇌 속의 혈관에 이상이 생겨 발생하는 병인데 뇌혈관이 막히는 뇌경색과 뇌혈관이 터져버리는 뇌출혈의 두 가지로 구분된다. 아주 무서운 이 두 가지 병은 즉시 응급조치 후 치료하지 않으면 사망에 이른다. 설령 치료가 되더라도 안면이나 손발의 마비, 언어 장애, 반신불수 등의 후유증을 남기는 경우가 많다.

 아버지는 식솔들을 위해 동분서주하며 땀을 흘린다. 식사도 제때에 먹지 못하거나 건너뛰는 경우도 많다. 이리저리 부대끼며 스트레스도 많이 받는다.

어머니 또한 하루해가 너무 짧게 느껴질 정도로 일에 파묻혀 산다. 새벽녘에 일어나 밥 짓고 설거지·빨래·청소·김매기 등으로 분주하다. 돈과 일의 전쟁이 매일 끊이질 않는다.

두 분 모두 잠이 부족하지만 편히 쉴 수가 없다. 먹는 것도 대충이니 영양실조 비슷한 증상이 나타난다. 그 틈새를 중풍이 태풍 언저리에 붙은 채 저만치에서 다가온다. 오히려 태풍이나 해일보다 중풍이 더 무섭고 잔인하다. 자연적인 재앙은 다시 복구하면 되지만 중풍은 복구가 불가능할 뿐더러 설령 복구가 된다고 하더라도 이미 절반의 기능이 상실한 상태다.

중풍은 인생 반세기 이후에 다정한 친구처럼 다가와 한바탕 휘저어 쑥대밭을 만든 뒤 사라지는 태풍 같은 존재로 군림한다. 그러하니 자나 깨나 건강 조심해야 한다.

지갑

 두툼할수록 자신감이 솟는 물건이 지갑인가!
 남자들은 지갑이 빵빵하면 은근히 과시하길 좋아한다. 그래서 '오늘은 내가 실컷 쏜다.' 같은 과시성 허풍을 떤다. 그러다가 지갑이 오그라들어 바닷물이 반으로 갈라지는 '모세의 기적' 같은 형편이 되면 라면이나 국수를 먹고 300원짜리 자판기 커피를 마시며 후회 비슷한 생활들을 반복한다.

 여인네들의 비밀 창고인 손가방과 지갑 속엔 무엇이 들어있을까? 빠알간 루즈부터 아이섀도와 에센스에 이른 화장품류와 바늘 쌈지는 물론이고 꼬깃꼬깃한 천 원짜리 몇 장과 상품권 등 미용과 알뜰 살림들이 혼재되어 있다. 예쁘게 보이고 싶기도 하고 살림살이도 잘하고 싶은 마음이 동시다발로 담긴 걸까!

 '나이를 먹을수록 입을 닫고 눈을 감으며 옷깃을 여민 채 칼을 거두라. 그리고 지갑을 열어라.'고 했다. 잔소리와 헛소리를 자주 하다 보면 실없는 사람으로 낙인찍혀 하한가를 향해 내달리는 주식 시세나 다름없다. 또한 눈에 보이는 모든 일에 참견하여 잔소리를 해대면 대장부가 아닌 졸장부로 추락하고야 만다. 그리고 전장의 장수처럼 총과 칼을 마구 휘두르다 보면 '접근 금지'의 요주의 인물로 소외당하기 십상이다.

그러하니 말을 절반으로 줄이고 보고도 못 본 채 해야 하며 성질머리 부리지 말고 꾹꾹 눌러 참아야 한다. 그러면서 적당한 선에서 베풀어야만 내 주위에 사람이 모이고 말년이 덜 외롭지 않겠는가.

인생 말년이 되면 자식들이 효자가 아니라 빵빵한 지갑이 톡톡한 효자 노릇을 하니 노년을 위한 지갑은 따로 준비해 두길 권해 본다.

지동설

그리스의 천문학자였던 프롤레마이오스는 『알마게스트』(827)라는 책에서 48개의 별자리를 정했고 태양이 지구 주위를 돈다고 주장했다. 이 책은 천문학의 백과사전으로 여겨졌다.

그러나 700여 년 후, 폴란드 출신의 코페르니쿠스가 천동설이 아닌 지동설을 주장했다. 그는 『천체의 회전에 관하여』(1543)라는 책에서, 모든 행성은 태양 주위를 도는 원운동을 하고 있다고 했다. 또한 별들이 뜨고 지는 것은 지구가 자신의 축을 중심으로 자전하고 있기 때문이며 지구의 자전축은 적당히 기울어져 세차 운동을 한다고 주장했다.

이에 대하여 가톨릭교회에서는 이 책을 금서 목록에 올려 더 이상 보지 못하게 하였다.

코페르니쿠스가 사망한 지 20여 년 후에 태어난 이탈리아의 갈릴레이는 배율 60배의 망원경을 발명하여 천체를 관측하였다. 그래서 태양 흑점을 발견했고 달 표면에 산과 골짜기가 있다고 주장했다.

또한 달의 위상 변화를 관측하여 지구와 달의 위치에 따라 태양 빛이 비추는 달 표면이 달라보인다고 했다.

갈릴레이의 이러한 주장은 지구가 중심이라는 가톨릭교회에서 이단으로 몰려 종교재판(1616)에 회부되어 압력에 굴복한 채 각서를 쓰고 풀려났는데, 재판정을 나서면서도 '그래도 지구는 돈다.'고 중얼거렸다고 한다.

비슷한 시기에 태어난 독일의 케플러는 '행성이 태양을 중심으로 타원 운동을 한다.'고 주장하며 행성의 3가지 법칙을 발표해서 지동설을 뒷받침하였다.

그러니까 코페르니쿠스가 지동설의 씨를 뿌리고 갈릴레이가 싹을 틔웠으며 케플러가 열매를 맺게 한 사람이다.

그럼에도 불구하고 난 지금도 지구가 살아 움직인다는 사실이 믿어지지가 않고 천동설이 자꾸만 눈앞에서 아른거린다. 무신론자인데도 말이다.

집

 우리 인류는 태초에 바위틈이나 동굴 속에서 살다가 신석기 시대 때에 움집을 만들어 살았다고 한다. 그 후 초가집을 거쳐 기와집을 지었다.
 기와집은 고구려 시대 때부터 지었는데 고관대작이나 부농 등 상류층의 전유물이지 않았을까? 대다수 일반 서민들은 60년 전까지 초가집에서 살았다. 저 푸른 초원 위에 그림 같은 초가집을 지었던 것이다.
 그러다가 새마을 운동이 시작되는 70년대에 들어서면서 기와집이 활성화되었고 더불어 아파트들이 생겨났다. 새천년이 밝은 지 20여 년이 지난 요즘엔 아파트 전성시대라 해도 과언이 아닐 정도로 우후죽순처럼 지어지고 있고 거기에 다세대 주택이나 원룸·투룸, 한 평 남짓의 고시원까지 가세했다.

 동물의 세계에선 등기소가 없으니 그저 여기저기에 소변을 찔끔찔끔 흘려 영역 표시를 한다. 주먹만 한 덩어리 집에 수백 개의 작은 방을 만든 뒤 여왕 폐하를 모시고 옹기종기 살아가는 벌집도 있다.

　너구리는 땅속에 사통팔달의 굴들을 파놓고 온 식구가 단란하게 살아간다. 고둥이나 다슬기는 원뿔 모양의 집을 갖춘 채 그 안에서 온몸으로 집을 이끌면서 살아간다. 이동식 주택인 셈이다.

　개인 소유가 없는 동물의 세계에선 무상 영구 임대 주택인 데 비해 사람들이 살아가는 자본주의 세계에선 빈부의 차이에 따라 자가·전세·사글세·달동네 쪽방·옥탑방·반지하 토굴방 등 형편에 따라 천차만별이다.

　재산 목록 서열 3위 안에 포함되어 있는 집은 삶의 애환과 더불어 희비의 쌍곡선을 그리며 살아가는 한 맺힌 요물인지도 모른다.

찌개

찌개는 우리의 전통 음식인데 뚝배기나 작은 냄비에 국물을 넣고 고기·채소·간장·된장·고추장 등 갖은 양념을 하여 끓인 반찬이다. 찌개의 대표는 김치찌개이고 전무는 된장찌개, 상무는 청국장찌개 정도이며 순두부찌개는 부장이라고나 할까?

찌개의 다정한 이웃인 전골은 찌개와 재료가 비슷한데 국물을 부어가며 계속 끓여 먹는다. 전골의 대표는 곱창전골이고 불고기·만두·순대·두부 등의 전골이 한 가족처럼 아기자기하게 서로 어깨동무하며 살아간다.

찌개가 약간 맵고 톡 쏘는 맛이라면 전골은 부드럽고 순한 맛이다.

울타리 밖의 세상을 바삐 살다 보면 간단하게 점심 한 끼 식사용으로 백반과 찌개가 대세다. 백반은 울타리 안에서 날마다 먹기 때문에 주로 찌개를 먹는데 뚝배기와의 조합이 최상의 콤비다.

한 숟갈의 밥과 뜨끈뜨끈한 찌개 국물이 환상의 복식조가 되어 목구멍을 타고 넘어갈 땐 온갖 근심 걱정이 사라지고 활력이 팍팍 샘솟는 것만 같다.

우리 조상들은 어떻게 이런 기막힌 음식을 만들었을까!

반면에 전골은 하루 일과를 마친 후 편안한 마음으로 쐬주잔을 기울이며 회포를 푸는데 혁혁한 공을 세운다. 찌개와 전골은 밥상의 단골 메뉴가 되어 항상 최상위권을 지키고 있다. 그러니까 찌개가 주연이고 전골은 조연이라고 할 수 있다.

10부

ㅊ

차표   철새   출사표

참모   촛불   춤

창고   축의금

차표

 버스는 반세기 남짓 전까지만 해도 대부분 완행이었다. 이때는 정류장에서 구간별 버스표를 구입하여 승차할 때 반쪽을 내고 하차할 때 나머지 반쪽을 냈다. 정류장이 없는 지역에서 승차할 땐 손을 들면 그 자리가 정류장인데 행선지를 말한 뒤 돈을 냈다. 때론 조금 깎아주기도 하고 안내양이 은근슬쩍 챙기기도 했다. 이를테면 공금 횡령인데 떡장수가 손에 고물을 조금 묻히는 격이었다.

 기차는 각 역마다 표를 팔기 때문에 변칙적인 행태를 찾아볼 수 없다. 단지 목적지보다 훨씬 가까운 지역의 표를 구입한 뒤 검표원을 재주껏 피해 무임승차하는 경우가 종종 있었다. 그래서 목적지에 도착하면 개찰구 반대쪽으로 36계 줄행랑을 쳤다. 시설이나 경계망이 그만큼 허술했다는 뜻이겠지?

 차표 아닌 그냥 표도 있다. 2년 주기의 선거철만 되면 정치하는 사람들이 표 계산하기 바쁘다. 권력과 부(富)를 동시에 거머쥘 수 있는 황금알을 낳는 표일까?

하지만 모두 부질없는 일이다. 권불십년(權不十年)이요 화무십일홍(花無十日紅)이다. 정치꾼들 자신만이 그런 사실을 모른 채 표 챙기고 저울질하기에만 혈안이 되어 있다.

우리는 모두 차표 한 장 손에 쥐고 태어났는지도 모른다. 장거린지 단거린지, 상행선인지 하행선인지도 잘 모른 채 말이다. 그리고 버스·기차·비행기 등엔 왕복표가 있지만 우리네 인생표엔 하행선의 외길 노선만 있고 되돌아오는 표는 없다. 그래서 표가 분실되지 않도록 안주머니에 잘 보관해야 한다.

건강·사랑·행복 등이 가득한, 돈으로 살 수 없는 인생표는 지상 최고의 가치를 지닌 귀중한 표가 아닐까?

참모

 참모는 윗사람을 도와 어떤 일을 꾀하고 꾸미는데 참여하거나 주모자의 측근에서 활동하는 지략이 뛰어난 사람이다. 또는 군대에서 지휘관을 도와서 인사·정보·작전·군수 등의 업무를 맡아보는 장교를 지칭한다.

 고구려의 을지문덕이나 고려의 강감찬, 조선의 이순신 장군 등은 우리 역사의 유능한 참모들이다. 유방이 중국을 통일하여 한나라를 건국(BC 202)했는데 장량은 소하·한신과 더불어 3인방의 일등공신이자 충직한 참모였다. 하지만 토사구팽을 예감하고 장가계로 은둔하여 후손들을 번성시켰는데 현재는 관광 명소가 되었다고 한다.

 가정의 참모는 누구인가!
 결혼 후 회갑 무렵까지는 마누라가 참모였다. 당연히 남편은 왕이었겠지? 그러다가 정년퇴직하고 나서 구들장이나 노트북과 친하게 지내며 빈둥빈둥 놀고 먹으면서부터 위상이 변하기 시작했다.

그래서 역성혁명인지 무혈 쿠데타인지는 잘 모르지만, 왕이 참모가 되고 참모가 왕이 되고야 만다. 그러니까 여왕 폐하다. 여왕 폐하는 수십 년 동안 2인자였던 참모 생활이 억울했는지 칼자루를 쥐자마자 무자비하게 휘두르며 '아침밥 숟가락 뺀 후 즉시 대문 밖으로 나가서 저녁 때 들어오라.'는 특명을 내린다.

할 수 없이 참모로 변신한 남편은 점심시간이면 쥐꼬리만 한 용돈으로 국수나 짜장면을 사 먹고 동네 놀이터에서 여기저기 기웃거리며 장기나 바둑을 두거나 관전하다가 해가 서산으로 기울면 '꼬르륵 꼬르륵' 소리를 내며 집으로 향한다.

그래도 저녁밥은 여왕 폐하가 직접 해주니 그나마 다행이다. 남은 여생을 밥 굶지 않고 건강하게 살아가려면 여왕 폐하의 진솔한 참모가 되어 명령에 절대복종해야만 한다.

하루에도 두세 번씩 '여왕 폐하 만세!'를 외쳐대면서 말이다.

창고

예전엔 장남이 결혼하여 맏며느리가 들어오면 시어머니가 살림살이를 가르친 후 곳간 열쇠를 맡겼다. 이 집안의 경제권을 넘겨줄 테니 네가 잘 알아서 관리하라는 뜻이다. 졸지에 경제 부총리가 된 며느리는 권한보다는 책임감이 더 무거웠으리라.

창고를 생각할 때면 얼른 떠오르는 사람이 있는데 바로 경주 최부잣집 최진립(1568~1636)이다. 그는 25세 때 임진왜란이 발발하자 의병을 일으켜 참전했고 병자호란 때 68세의 노구를 이끌고 오랑캐와 싸우다가 순절했다.

그 후 최진립의 셋째 아들 최동량이 황무지 개간과 이앙법 도입으로 큰 부를 쌓았다. 최동량의 아들 최국선은 사방 십 리 안에 굶어 죽는 사람이 없도록 곳간을 열어 이웃들을 먹여 살렸다고 한다. 가뭄과 기근 때에는 세를 깎아주거나 면제하는 등 최씨 집안의 이웃 사랑은 계속되었는데 12대 최준은 일제 강점기 때 많은 재산을 독립운동 자금으로 지원했고 해방 이후에는 교육사업에 매진했다.

새천년인 요즘, 창고 하면 금고 또는 물류 창고나 자재 창고가 떠오른다. 5만 냥짜리 신사임당의 복제본 또는 금궤, 대기업의 유통 체인 거점, 제품 생산을 위한 모든 원자재 등이 말이다.

이들은 예전의 돌담이나 흙담의 곡식 창고에서 시멘트나 철제로 지어진 공산품이나 금품 창고로 훨씬 업그레이드된 일등급 창고다. 그 다양한 창고들이 조금이나마 경주 최 부잣집 창고 같은 역할을 했으면 하는 희망을 살포시 기대해 본다.

철새

 지구상에 존재하는 새들은 약 1만 종인데 우리 한반도에서 볼 수 있는 새는 350여 종이다. 그중 토종 텃새가 약 100종이고 흔들리는 침대를 찾아 철 따라 거주지를 옮겨 다니는 철새가 150여 종이다. 그리고 김삿갓처럼 방랑 3천 리를 일삼는 나그네새가 100여 종이다.
 주로 공중에서 곡예비행을 하는 새들의 체온은 평균 40~42℃로 사람보다 4~5℃ 정도가 더 높다. 그래서 자주 목욕을 한다.

 토종 텃새에는 참새·까치·까마귀·올빼미·꿩·딱따구리 등이 있다. 이들은 텃새로서의 자부심과 긍지를 지닌 채 때론 텃세를 부리기도 한다.
 철새는 두 종류가 있다. 여름 무렵에 한반도에 왔다가 겨울이 되면 따뜻한 남쪽 나라로 떠나는 여름 철새에는 제비·뻐꾸기·꾀꼬리·왜가리·소쩍새 등이 있는데 이 새들은 사우나까지는 아니더라도 온탕과 열탕을 즐기는 그룹이다.
 반면에 늦가을에 왔다가 봄이 되면 다시 추운 시베리아로 떠나는 겨울 철새에는 갈매기·기러기·백조(고니)·두루미(학)·독수리·청둥오리 등이 있는데 이 새들은 냉탕을 좋아하는 스타일이다.

한반도에 거주하는 나그네새는 도요새·물떼새·촉새·동박새 등이 있는데 이 새들은 고속도로의 휴게소나 졸음 쉼터에서처럼 잠시 머무르다가 시베리아나 동남아 지역으로 떠나는 김삿갓의 후예 같은 존재들이다.

붙박이장 같은 텃새, 혹서기의 여름 철새, 혹한기의 겨울 철새, 그리고 방황하는 청춘처럼 갈팡질팡하는 나그네새들이 하늘을 지배하고 있다.

반면에 땅 위에선 오직 외길 인생을 살아가는 텃새 같은 사람들, 더위와 추위를 피해 노선을 바꿔가며 간신처럼 살아가는 철새 같은 사람들, 세 갈래 삼거리에서 방황하는 나그네새 같은 사람들이 어우러져 살아간다. 만약 우리 인간이 새라면 어떤 새가 되고 싶은지는 각자의 마음속에 담겨 있으리라.

촛불

촛불의 기원은 고대 페르시아의 조로아스터교(배화교)라고 한다. 고대에는 들판에 모여 불을 피우며 광명의 신(神)을 찾았다. 이것이 종교적 전통으로 기도할 때 등잔불이 되고 연등으로 변모하여 제단 위로 올라와 양초·촛불이 되었다고 한다.

양초는 서양에서 벌꿀의 찌꺼기인 밀랍으로 발명되어서 서양을 뜻하는 양(洋)을 앞에 써서 양초가 되었다. 이 양초가 보급되기 이전에는 호롱불·등잔불을 사용했고 전기가 차츰 보급되면서 각종 행사나 의식의 일환으로 쓰이고 있다.

독일에서 시작된 생일 케이크 위의 촛불은 생명의 상징을 의미하고, '화촉을 밝힌다.'는 말은 곧 결혼을 뜻하며 제사 때의 촛불은 혼을 부르는 매개체이다.

촛불 집회는 1968년 미국에서 베트남 전쟁을 반대하는 시위의 하나로 시작되었는데 침묵의 비폭력 평화 시위다. 우리나라에서의 촛불 시위는 월드컵이 열렸던 2002년에 미군 장갑 차량에 깔려 숨진 두 여중생의 사인 규명과 추모를 위해 처음 열렸는데 이후 대표적 시위 문화가 되어가고 있다. 그래서 전직 대통령도 촛불 시위 앞에 맥없이 무너졌고 최근의 대통령도 촛불 민심으로 인해 권좌에서 물러났으며 미래의 대통령들도 결코 자유롭지 못하다.

생일이나 결혼 축하, 가족의 건강과 행복 추구, 종교적인 희망을 뜻하는 촛불 행사가 개인이나 가족의 범주를 뛰어넘어 범국민적인 민중 행사로까지 확산되어 다수의 단합된 의지를 보여주는 데까지 승화하고 있다.

축의금

 축하의 뜻을 담아 내는 돈이 축의금이다. 반면에 애도하는 뜻의 조의금도 있다. 태어난 후 살아가면서 축의금의 시작은 한 살이 되는 돌잔치 때부터다. 그리고 입학과 졸업을 몇 차례 거친 뒤 취업이 될 때까지는 수금 사원처럼 받기만 한다. 그 후엔 주고받는 이른바 '기브 앤 테이크(give & take)'다. 결혼·개업·승진·칠순 등이다.

 그런 다음 노인 대열에 합류하면 아낌없이 주기만 한다. 자식과 손자들에게 베풀고, 성격은 다르지만 부고장이 날아오면 조의금을 낸다.

 가장 값진 축의금은 결혼기념일이 아닐까? 태어나서 서른 살 정도부터 한 이불 덮고 살면서 아웅다웅·티격태격·좌충우돌·희로애락·설왕설래·설상가상·고진감래 등을 모두 겪으면서 백발이 성성해져도 서로 믿고 의지한 그 공이 가장 크다고 본다. 그것도 은혼식(25주년)을 넘어 금혼식(50주년)까지 찍으면 인생 대장정을 마친 것이나 다름없다.

그래서 결혼 반세기의 금혼식 땐 서로에게 푸짐하고 훌륭한 축의금을 내자. 그 이후엔 1+1이나 2+1의 홍보성 음료처럼 인생 덤이다.

축의금!

다다익선이니 적당히 받고 많이 내고 가자.

출사표

 출사표는 출병할 때 그 뜻을 적어서 임금에게 올리던 글이다. 중국의 삼국시대 때 촉(蜀)나라의 제갈량(공명)이 위(魏)를 정벌하려고 출병할 때의 출사표가 문장이 유창하고 뜻이 간절하여 명문으로 꼽힌다.
 제갈량(181~234)은 촉나라 왕인 유비가 세 번이나 찾아가 스카웃 했는데 이후 전략가·재상 등을 역임하였다. 특히 적벽대전(208)에서 오나라와 연합하여 위나라의 조조군을 대파하는 데 기여하였다. 그러나 유비가 일찍 병사하면서 그 유지를 받든 제갈량이 비장한 심정으로 후왕인 유선에게 전·후 출사표를 바쳤다고 한다.

 초등학교를 졸업한 뒤 객지의 중학교로 진학한 아들이 부모 슬하를 떠나면서 굳은 심정으로 말했다.
 "사랑하는 부모님! 비록 이 몸은 객지로 떠나지만 마음만은 항상 부모님 곁에 있을 것이며 학업에 정진하여 기대에 어긋나지 않는 자랑스런 아들이 될 테니 걱정하지 마시기 바랍니다."

그 후 객지에서 향학열을 불태우던 아들은 대학생이 되었고, 군 복무를 마친 뒤 기반이 튼튼한 회사에 입사하여 3년이 지날 무렵에 결혼식을 올리게 되었다. 결혼 당일 아침 일찍 일어난 아들은 부모님께 큰절을 올린 뒤 무릎을 꿇은 채 비장한 심정으로 말했다.

"존경하는 부모님! 30년 동안 저를 이렇게 정성껏 보살펴 주셔서 진심으로 감사드립니다. 지금부터 저는 부모님의 자식이자 한 가정의 가장으로서 소임을 다하겠습니다. 부모님 은혜를 가슴 깊이 새기고 부모님께서 하신 것처럼 저 또한 처와 자식을 위해 헌신토록 하겠습니다. 그동안 수고 많으셨고 앞으로도 더욱 효도하며 살아가겠습니다. 고맙습니다."

제갈량의 출사표는 전·후로 구분된다. 아들 또한 그 출사표를 본보기로 삼은 양 자기 인생을 성실하게 살아가고 있는 듯이 보여 부모 마음 또한 기쁘고 자랑스럽기 그지없다.

춤

 우리나라의 전통춤은 여러 가지가 있다. 사회적인 문제를 풍자하거나 인간의 삶을 표현한 가면극인 탈춤이 가장 대표적이다. 흰색 의상을 입고 인간 내면을 표현하는 살풀이춤도 있다. 추석이나 정월대보름 때 여자들이 원을 그리며 추는 강강수월래, 국악과 함께 어우러진 장구춤, 승려들이 섬세하게 추는 승무 등이 있다.

 외국의 춤 또한 많은 종류가 있다. 이탈리아와 프랑스에서 발전한 일종의 무용극인 발레, 브라질의 축제 때 추는 2/4 박자인 삼바, 프랑스와 독일에서 시작된 3/4 박자의 사교춤인 왈츠, 보헤미아 지방에서 일어나 전 유럽으로 퍼진 경쾌한 폴카 등이 대표적이다.

 우리가 살아가면서 신명 나는 일이 생기면 춤을 춘다. 박자나 격식 같은 건 묻지도 따지지도 않고 그저 양팔과 어깨를 들썩거리는 막춤이나 다름없는 어깨춤이다.

자식이 원하는 대학에 합격하거나 졸업 후 좋은 직장에 취직이 되면 부모는 그저 신바람이 나서 어깨춤을 춘다. 당사자가 더 기쁘겠지만 속내를 드러내지 않고 부모가 신명 난 것처럼 보인다. 당연히 아버지보다는 어머니가 더 기뻐하시겠지?

사랑하는 여인에게 프러포즈해서 성공하면 어떤 춤을 출까? 아마도 힙합 음악에 맞춰 브레이크 댄스를 추는 비보이 못지않게 흔들어대지 않겠는가.

기쁠 때뿐만 아니라 삶의 애환을 춤으로 승화시키기도 한다. 춤은 생로병사의 인간 세계에서 오로지 신체적인 동작만으로 희로애락을 표현하는 무언극과 같은 역할을 하지 않을까?

11부

ㅋ

카드 칼 키
카멜레온 커피

카드

 예전엔 크리스마스카드나 연하장이 카드의 대표 주자였다. 정성스럽게 손으로 만든 카드에 필기구로 몇 자 적어 보내는 정성과 그 카드를 받는 사람의 기쁨이 이만저만 아니었다. 그러다가 휴대폰이 등장하면서부터 문자나 카톡으로 대신한다. 보내는 사람이나 받는 사람 모두 2% 부족한 느낌이다. 정성이라는 양념이 빠져서인지도 모른다.
 일상생활에서의 카드는 교통카드와 신용카드가 대표적이다. 5.5×8.5cm의 이 카드들은 아주 유용하게 쓰인다. 하지만 두 카드 사이엔 상반된 현상이 팽배하다.
 교통카드는 금액을 충전한 뒤 부담 없이 사용하면 되지만 신용카드는 적립금을 초과하여 일정 한도액까지 빌려 쓸 수 있다. 그래서 '우선 먹기엔 곶감이 달다.'고 펑펑 쓰다 보면 연체되거나 신용 불량자로 몰리기도 한다. 여차하면 늪지대로 빨려드니 유의해야 한다.

놀이 문화에서의 카드는 동양화이자 '꽃들의 전쟁'으로 불리는 화투(花鬪)와 서양화로 불리는 서양 카드가 있다. 화투는 1월부터 12월까지 각각 4장씩 48장으로 구성되어 있다. 서양카드는 봄을 뜻하는 하트, 여름을 상징하는 다이아몬드, 가을을 의미하는 클로버, 겨울을 지칭하는 스페이드 등 4종류인데 1부터 13까지 모두 52장으로 구성되어 있다.

마누라가 가장 좋아하는 신용카드는 동양화의 꽃처럼 애지중지 떠받들지만 내가 좋아하는 서양 카드는 일확천금을 노리는 배팅으로 알거지가 되기 십상이다.

카드는 독약과 보약 사이를 오가는 마법사인지도 모른다.

카멜레온

카멜레온은 고대 그리스어에서 유래한 것으로 '땅 위의 사자'란 뜻이다. 주로 따뜻한 곳에 살고 있으며 습한 곳을 좋아해서 나뭇잎에 많이 서식한다고 한다.

도마뱀과 비슷한 카멜레온은 피부에 좁쌀 모양의 돌기가 많고 주위의 환경·광선·온도에 따라 수시로 변한다. 편한 상태에선 초록색을 띠고 스트레스를 많이 받으면 검푸른색을 띤다. 그러다가 동요하거나 감정의 기복이 생기면 노랑·주황·빨강 등의 색깔로 변신한다. 일곱 빛깔 무지개도 아니고 일류 마술사도 아니건만 자유자재로 피부 색깔을 바꾸는 변신의 귀재인 것만은 확실하다. 살아가기 위한 변신인지 살아남기 위한 변신인지까지는 잘 모른다.

우리가 사는 세상엔 카멜레온처럼 사는 사람들이 너무나도 많은 것 같다. 제일 심각한 건 정치 지도자들이다. 백성들을 위해 헌신하는 자리이건만 군림하는 것도 모자라 말 바꾸기와 잡아떼기로 일관하며 양의 탈을 쓴 늑대로 변신하는 정치꾼들이다.

많은 기업체들도 회계 장부 조작, 대차대조표 허위 작성, 탈세와 비자금 조성 등 수많은 비리와 부정부패를 저지르며 노랑과 빨강을 띤 변신을 거듭한다.

가정의 아버지와 어머니도 카멜레온처럼 변신을 시도한다. 아버지는 양어깨가 짓눌리고 가정을 위한 자금난에 시달리면서도 초록색의 카멜레온처럼 애써 태연한 척 변신한다.

어머니 또한 여기저기 통증에 시달리면서도 자녀들 앞에선 전혀 내색하지 않고 아버지와 같은 초록색을 띠며 환상의 커플을 이룬다.

카멜레온은 아프리카나 아시아 등의 따뜻한 지방에 서식하지만 인간 카멜레온들은 기후와 관계없이 지구촌 곳곳에 살면서 긍정과 부정의 두 유형으로 나뉜 채 쌍두마차처럼 살아간다.

칼

한때는 칼이 세계를 제패한 적이 있었다. 유목 민족인 몽골의 칭기즈칸 때다. 약 1천 년 전이었는데 아시아건 유럽이건 칼을 높이 치켜든 그들의 말발굽 아래 모두 머리를 조아렸다.

칼은 정의를 상징하기도 한다. 정의의 여신 디케(Dike)는 고대 그리스에서 모든 사람에게 숭배의 대상이 되었다. 정의의 여신상은 칼과 저울을 들고 있다.

정의와 형평성을 뜻하는데 사법부에 해당하지만 우리나라에선 아직도 요원해 보인다. 임진왜란이나 조선 말기의 의병들이 분연히 들고 일어섰던 구국의 칼이 훨씬 정의로워 보인다.

칼 함부로 빼들지 말자. 칼집에서 빼든 칼을 다시 집어넣기엔 자존심과 인격이 구겨지기 때문이다. 그리고 칼 잘 쓰는 자는 영웅으로 추앙받지만, 칼 잘못 쓰는 자는 칼로 망하지 않던가.

강도가 칼을 들고 있으면 공포가 쓰나미처럼 밀려오지만, 마누라가 부엌에서 칼을 휘두르면 공포보다는 기대감이 앞선다. 그래서 나는 마누라를 항상 영웅으로 모시고 산다.

칼은 쓰는 자에 따라 천당과 지옥을 오가는 요술 같은 존재다.

커피

반세기 전만 하더라도 커피는 다방에서 주로 팔았다. 업무상의 약속 장소 또는 시간적인 여유가 있는 사람들이 주로 이용했는데 카페가 하나둘씩 생겨나면서 다방도 사라지더니 이제는 명맥만 겨우 유지하고 있다.

그런데 카페를 이용하는 데 있어서 신세대들은 편리할지 모르지만 기성세대들은 다소 불편하다. 자리만 잡고 앉아 있으면 종업원이 보리차 들고 와서 주문받고 직접 배달해 주었는데 이젠 주문에서 배달까지 거의 셀프다. 그러하니 커피숍은 신세대들의 독무대나 다름없다. 나 또한 기성세대의 충실한 일원으로서 '컴맹'이라는 닉네임이 붙은지라 주문할 때부터 어리바리를 측근으로 두고 있다.

커피나무의 열매를 볶아서 갈아 만든 가루가 커피다. 여기엔 쓴맛이 나는 무색의 고체인 카페인이 들어있는데 흥분제·이뇨제·강심제 등으로 쓴다.

최근 통계를 보면, 커피 생산국 세계 1위는 브라질이고, 소비국 1위는 미국이며, 우리나라는 6위다.

과거 3공화국(1963~1972) 시절에는 국산품 애용의 명분 아래 다방에서의 커피 판매가 금지되었었다. 대신 녹차·율무차·쌍화차 등을 팔았다. 그 후 전면 개방되었고 현재에는 커피숍들이 우후죽순으로 생겨나 모두에게 사랑받는 음료로 변신하였다.

커피 공화국이라고 해도 과언이 아닐 정도다.

키

자동차 키는 부의 상징을 대변하는 것인가!

비록 스마트 키나 마스터 키는 없지만, 오토바이 키나 자전거 키가 있는 운송 수단을 보유하고 있으니 이 또한 행복하고 다행이라는 생각이 든다.

내 키는 165cm 정도밖에 되지 않지만, 나폴레옹보다 더 크다. 영웅이 될 수 있는 가능성이 있다고 판단된다. 희망과 낙관이 서로 키재기를 하며 상승효과를 내는데 벅차오르지 않을 수 없다.

우리 앞 세대까지만 하더라도 밥을 지을 때 키로 불어서 먼지나 지푸라기를 걸러냈다. 한 끼 식사량만큼의 쌀이나 보리를 넓적한 키에 담아 위아래로 부채질하듯 까불었다. 그러면 선풍기 역할을 하며 정제된 식량을 만들어냈다.

동네의 코흘리개 꼬마들이 밤에 잠을 자다가 이불속에 대한민국 지도를 그려놓으면 어머니는 키를 망토 삼아 씌운 뒤 동네 한 바퀴를 돌게 했다. 소금을 받아 오라는 뜻인데 오래전부터 내려온 우리 고유의 풍습이다. 오줌싸개를 면하기 위한 최후의 키가 아닌가 여겨진다.

처녀 뱃사공은 삿대를 들고 강나루를 오가며 생계와의 전쟁을 벌였다. 삿대는 곧 나룻배의 키나 다름없다. 날이면 날마다 똑같은 일을 반복하는데 황혼 녘이 될 무렵이면 가슴 한구석이 허전하지만, 홀어머니를 모시고 사니 그저 당연한 도리이자 숙명이라고 생각하기 일쑤였다.

키는 자동차·신장·밥·오줌싸개·나룻배를 가리지 않고 맹활약을 해왔으며 요즘엔 아파트 키가 키들의 제왕이 되어 활개치고 있다. 아무래도 키와 돈은 서로 정비례하는 사이인 것 같기도 하다.

12부

ㅌ

탈   턱걸이   투표
택배   털

탈

 우리나라의 전통 탈은 흥을 부르고 액을 막는데 양반탈·선비탈·각시탈·하회탈 등 다양하다.
 아버지는 아침 일찍 웃음 지으며 대문을 나선다. 하지만 골목길을 돌아 차로 변으로 들어설 때부터 거친 세파와 맞닥뜨리며 하루를 보낸다. 때론 체면과 자존심을 내려놓고 생계와의 사투를 벌인다. 양어깨에 짊어진 처자식의 무게가 짓누를 때마다 참고 또 참는다. 그러면서 석양 무렵 대문 들어설 땐 지친 육신을 뒤로 한 채 만면의 미소를 머금는다. 마치 선비탈을 쓴 양반인 양 행세한다. 가장(家長)인 자신이 편안한 모습을 보여야 모든 식구가 안심하고 화목한 가정이 유지되리라는 사실을 이미 통달한 도인인지도 모른다.
 어머니는 안방 살림을 도맡아 하면서 자녀들에겐 무한정의 사랑을 베푼다. 맛있는 식사 준비는 물론 온갖 빨래와 청소를 하며 가사 도우미를 자처한 1인 3역의 연극배우 같은 각시탈을 쓰고 있는 것처럼 보인다.

부모의 그런 모습을 보고 자란 아들과 딸들은 일찍 철이 들어서인지 말썽 피우지 않고 각자 할 일들을 척척 해낸다. 집안일도 거들고 공부도 열심히 하며 대학생이 되면 알바를 해서 스스로 용돈을 조달한다. 부모에게 부담스러운 짐이 되지 않는 효자·효녀 노릇 하느라 하루에도 수차례씩 탈춤을 추고 있는 것일까?

 흥을 돋구는 전통 탈과 식구와 주변 사람들을 편안하게 해주는 생얼탈이 함께 존재한다. 이제 전통 탈은 점점 내리막길을 달리고 있지만 가족과 단체를 위한 선한 생얼탈은 다양한 모습으로 진화를 거듭하고 있다.

택배

 택배의 예전 명칭은 '화물'이었다. 주로 트럭에 싣고 다니는 화물 회사에 소비자가 직접 물건을 갖고 가서 맡겼다. 그리고 목적지의 화물 회사에 사람이 직접 가서 찾았다. 도시에서 자취하며 학교에 다니는 자식들의 쌀과 김치, 시골에 사는 늙으신 부모님께 보내는 옷과 약 등을 말이다.
 그러다가 맡기고 찾는 불편함을 해소하기 위한 서비스를 제공하기 시작했다. 그래서 전화만 하면 집까지 찾아와 보낼 물건을 받아서 도착 장소까지 안전하게 배달해 준다. 이른바 택배 서비스다.

 새벽별 보고 출근한 동네 택배원들은 담당 지역 택배 물건들을 자신이 배송할 차량에 싣는다. 이동 경로에 따라 가장 먼 지역 물건부터 차례대로 배열하면서 말이다.
 그런 다음에 배달민족의 후예들은 배달과 수거 목록을 들고 본격적인 레이스를 시작한다. 아파트나 일반 주택 또는 사무실 등을 부지런히 돌아다니다 보면 햇살은 어느새 중천에 떠올라 땀과 열기를 부추긴다.

때론 경비 아저씨들과 작은 실랑이를 벌이기도 하고 출타 중인 집 주인 때문에 배달 업무가 지연되기도 한다.

점점 탑차 안의 배달 물건들이 비워지면서 그 자리에 수거된 물건들이 채워진다. 점심 식사는 빵과 음료수로 때우기 일쑤다. 식당에 들어가 한가로이 젓가락질할 시간이 없어서다.

드디어 모든 배달 업무가 마무리되고 땅거미가 질 때쯤이면 하루 일과를 무사히 마쳤다는 뿌듯함과 처자식 얼굴이 교차하면서 배시시 미소 짓기도 한다.

택배원의 하루는 새벽별 보고 대문 나서서, 둥근 보름달 보면서 대문 안으로 들어서는 하숙생 같은 고행의 연속일까?

턱걸이

반세기 전의 고등학교 시절엔 대학교 입학시험 과목 중 체력 측정이 있었다. 점수 비중은 높지 않았지만 만점을 받으려면 꾸준한 연습이 필요했다.

측정 분야는 턱걸이·멀리 뛰기·왕복 달리기·수류탄 던지기·1,000m 달리기 등이 있었는데 군부 독재 시절임을 감안할 때 전쟁에 대비한 체력 단련이었던 것 같다.

턱걸이만 따진다면 열다섯 개 이상을 해야 만점을 받았는데 팔 힘이 제법 센 편에 속한 나는 거뜬하게 해내곤 했었다. 당시엔 대학 입시에 합격한다는 것이 결코 쉽지 않았다. 경쟁이 치열하다 보니 합격 커트라인 부근에 많이 몰렸고 때론 체력 점수가 당락을 좌우하기도 했다.

온실 속의 화초 같은 학창 시절이 끝난 후 사회생활을 하는데 마법 같은 턱걸이가 일희일비를 불러온다. 우선 입사 시험에서 겨우 턱걸이로 합격하여 울긋불긋한 넥타이를 매고 광이 번쩍거리는 구두를 신은 채 버젓이 활보하며 회사

정문을 들어설 땐 개선장군처럼 감개무량했다. 그 후 이등병 같은 신입사원 시절을 보낸 뒤 주임·대리·과장·차장·부장까지 승진하는데 20년이 넘게 걸렸다. 능력이 부족한 건지 운이 좋은 건지 꼭 막차를 탄 채 기를 써서 턱걸이로 승진했기 때문이다.

겨우 턱걸이로 승진하더라도 동료들이 "한턱내라." 하면 "내 턱은 하나인데 한 턱 내버리면 난 어떻게 밥을 먹지?"라고 응수하기도 했다.

턱걸이는 체력 단련은 물론 시험·승진·선거 등에서 일희일비하는 마법의 측정 도구일까? 내 턱이 아직까진 정상인 걸 보니 인생 말년에 또 턱걸이 기회가 오면 기필코 성취하리라고 다짐해 본다.

털

 사람 사는 세상의 털 중에는 크게 두 종류가 있다. 범털과 개털이 그것이다. 범털은 호랑이의 털 또는 돈 많은 사람을 뜻하는데 보통 권력자를 칭한다. 반면에 개털은 개의 털 또는 사람 몸의 가는 털을 낮잡아 이르는 말로써 힘없는 일반 서민이나 조직의 말단 구성원을 지칭한다.

 국가적인 중차대한 사안이나 일을 처리함에 있어서 비리나 부정을 저질러 수면 위로 떠 올라 사회적인 문제가 야기되면 당사자인 범털은 온데간데없고 힘없는 개털이 대신 뒤집어쓴다. 속된 표현으로 똥 싼 놈은 도망가고 방귀 뀐 놈이 대신 잡히는 격이다. 개털은 반대급부의 돈이나 권한을 챙기고 범털은 양의 탈을 쓴 채 아무렇지 않게 버젓이 살아간다.

 그들 세계의 말로는 상부상조요 인지상정이다. 하지만 객관적으로 보면 악의 탈을 쓴 늑대들이나 다름없다. 피해자는 고스란히 백성들의 몫이기 때문이다.

속담에 '까만 털 나는 짐승은 키우지 말라.'고 했다. 이는 사람을 비유한 것인데 지극정성으로 보살피고 키워 줬더니 은혜에 보답하기는커녕 외면하거나 등 뒤에 비수를 꽂는 배신자가 되기 십상이라는 경고성 속담이기도 하다.

 또한 '털어서 먼지 안 나는 곳 없다.'고 했다. 하지만 떡 장수가 손에 고물 묻히듯 적당해야 하지 않겠는가.

 털은 옷이나 목도리로 재탄생하여 우리에게 따뜻함을 제공할 때만이 참모습을 보여주는 것이 아닐까?

투표

 민주주의 꽃은 선거라고 한다. 선거를 위해선 투표를 해야 하겠지? 우리나라는 지방자치제가 부활한 지 30년이 넘었다. 그래서 기존의 대통령 선거나 국회의원 선거에 더해서 시장·도지사·군수·구청장 등을 투표로 뽑는다.
 그러니까 평균적으로 1년 8개월마다 선거를 위한 투표를 하니 선거 공화국 내지는 투표 공화국이라고 해도 과언이 아닐 정도다.
 과연 누구를 위한 선거이고 투표인지도 의문시된다. 백성들을 위한 것인지 당선자를 위한 향연인지를 말이다. 그동안의 누적된 성적표를 분석해보면 정답이 나오지 않을까?

 어떤 유명한 사람이 투표에 관한 소신을 밝혔다.
 '정치를 잘하고 있는지 묻는 물음표, 잘못하면 집에 가서 쉬었다 오라고 명령하는 쉼표, 다시 보고 싶지 않은 정치인에겐 마침표, 정치를 바꿔 새로운 세상을 구입하는 백지 수표'라고 말이다.

아마도 우리나라에선 절반 이상의 물음표와 20%의 쉼표, 15%의 마침표, 그리고 10%의 백지 수표가 아닐까 생각된다.

백성들을 하늘처럼 떠받들고 백성들만을 위해 헌신적으로 일하는 백성의 머슴들이 지금보다 훨씬 많이 배출되기를 기대해 본다.

13부

ㅍ

| 파 | 포장마차 | 피 |
| 편지 | 폭탄 | 피라미드 |

파

 식용으로 쓰는 파는 대파와 쪽파의 두 종류가 있다. 대파는 주로 국물을 내는 데 사용하며, 가늘게 썰어 파채를 만들어 삼겹살이나 치킨과 함께 먹기도 한다.
 쪽파는 파김치·파전·산적 등 직접 먹는 요리법이 대부분이다.

 지금으로부터 450년 전인 조선 선조 때 3사(홍문관·사헌부·사간원)의 인사권을 쥐고 있는 이조전랑(吏曹銓郎)이란 요직을 둘러싼 권력 다툼은 4색 당파로 이어졌다.
 처음엔 동인과 서인으로 나뉘더니 동인은 남인과 북인으로, 서인은 노론과 소론으로 일파만파의 파벌이 형성되어 200여 년 동안 당쟁을 일삼다가 19세기가 되자마자 안동 김씨의 세도 정치가 시작되면서 당파 싸움은 막을 내렸다.

하지만 조선의 국력은 나약해졌고 기강도 문란해져서 일제식민지(1910~1945)로 전락하고야 말았다. 그리고 대한민국이 출범하면서 파벌 정치는 150년 만에 다시 화려하게 부활하였다. 최근엔 친윤이니 비윤이니, 친명이니 비명이니 하면서 버젓이 살아있음을 증명하고 있다.

또한 미술계나 사상계에도 다양한 파(波)가 있고 골프장에선 특정 홀의 크기에 따라 미리 규정한 타수인 파(par)가 있다.

파는 먹기도 하고 갈라지기도 하며 승부의 세계에도 존재하는 다용도의 식물인가?

편지

 피 끓는 20대 중반의 직업군인일 때, 어떤 여인에게 1주일에 한 번씩 편지를 보냈다. 하지만 2년이 다 되도록 소식이 없더니 드디어 회심의 답장이 왔다. 쿵쾅거리는 심장을 부여잡고 화장실에 나 홀로 쭈그리고 앉아 조심스럽게 봉투를 뜯었다.
 그러나 '기대가 크면 실망도 크다.'고 했던가! 내용인즉, 자그만치 성가시게 하고 보내준 편지와 사진들을 되돌려줄 테니 휴가 나오면 전화하란다.
 난 3일 동안 식음을 전폐하다시피 했으나 '위기는 곧 기회다.'고 마음을 다잡은 후 과식이랄 만큼 많이 먹기 시작했다. 그래서 2개월이 지나 그 여인을 만났고 내 능력을 총동원하여 설득과 동정표를 얻기 시작했다. 그 후 인연의 끈이 되어 어찌어찌해서, 40년 넘게 한 지붕 아래에서 살고 있다. 아마도 '지극정성의 편지 덕분에 맺은 사랑가'가 아닐까?

안부나 소식 또는 용무 등을 적어 보내는 글이 편지다. 말없이 건네주고 달아난 차가운 손도 있고 '부모님 전 상서!'로 시작되는 안부 또는 손 벌림의 아쉬운 편지도 있다.

  하지만 요즘엔 편지는커녕 안부도 문자나 이메일(E-mail)로 묻고 답하는 세상이 되었다. 시대의 변화에 따른 문명의 이기라지만 왠지 점점 삭막해지는 느낌이 든다.

  오늘이라도 편지지를 꺼내 소중한 사람들에게 친필로 소식을 전해보면 어떨까?

  '가슴을 복사하는 종이'인 이 편지를 받게 되면 설렘과 그리움이 두 배로 늘어날 것이다.

포장마차

해방 이후 보릿고개를 넘던 시절에 포장마차가 등장했다. 리어카에 기둥을 세우고 천막을 친 뒤 선술집 비슷하게 만든 작은 가게였다.

화덕 두 개의 연탄불엔 번데기와 홍합이 손님맞이를 서두르고 있었다. 카바이드를 이용한 희미한 가스등이 목로주점을 연상케 했다. 주로 직장인들이나 육체노동을 하는 사람들이 퇴근길에 참새 방앗간처럼 들르는 포장마차는 1일 노동의 묶은 때나 스트레스를 동시에 날려 버리는 치유의 공간이기도 했다.

그때 당시에는 소주도 잔으로 팔고 담배도 개비로 팔았다. 가난한 서민들을 위한 서비스 제공 차원이었는지도 모른다.

그러다가 점점 삶의 여유가 찾아오자 떡볶이·어묵·닭꼬치·곰장어·참새구이 등이 한 단계 업그레이드시켰다. 요즘엔 상가 한켠을 임대하여 가게를 차려놓고 '실내 낭만 포차'라고 명명하며 먹자골목의 대변인 역할을 하기도 한다.

돌이켜 생각해보면, 그 시절의 포장마차는 가난했지만 운치와 인정이 있었다.

요즘에는 '포장마차'라는 낱말에서 50% 세일하여 마차를 빼고 포장을 해서 집으로 가져가 맛있게 먹는다. 포장마차가 아니라 '포장 배달' 또는 '포장 주방'이라고 해야 하나?

시대를 초월한 먹거리 문화가 아련한 추억의 뒤안길에서 미소 지으며 손짓하는 것만 같다.

폭탄

 폭탄은 인명 살상이나 구조물 파괴를 위해 금속 용기에 폭약을 채워 터트리는 폭발물이다. 실제로 전장에서는 공포의 대상인데 한 번 떨어진 자리로 들어가 은폐물로 삼으면 안전하다고 한다. 또다시 폭탄이 그 자리에 떨어진 확률이 희박하기 때문이다. 그러니까 그 자리가 무덤이 아니라 아늑한 침대 같은지도 모른다.

 폭탄 중 위력적인 것은 원자폭탄과 수소폭탄이 있다. 원자폭탄은 우라늄 235와 플루토늄 239를 주로 쓰는데 1g의 우라늄이 2만 톤의 TNT가 폭발할 때의 에너지와 맞먹는다. 수소폭탄은 원자폭탄을 뇌관으로 사용하기 때문에 훨씬 더 강력하다.

 이러한 폭탄에서 파생되어 나온 용어들 중에는 폭탄주·폭탄밥·폭탄선언 등이 있다. 폭탄주는 알콜 도수가 낮은 큰 잔에 알콜 도수가 높은 작은 잔을 빠뜨려 만드는 칵테일이다.

폭탄주는 제정 러시아 때 시베리아로 유형간 벌목 노동자들이 추위를 이기기 위해 보드카를 맥주와 섞어 마신 것이 기원이라고 한다.

우리나라에선 반세기 전, 정치에 나선 군인들이 정계·법조계·언론계 인사들과의 술자리에서 만들어 마시면서 새로운 음주 문화로 자리 잡았다. 소맥(소주+맥주)이나 양맥(양주+맥주) 등이 있고 혼돈주(탁주+소주)도 있다.

폭탄 밥은 폭탄을 맞아 움푹 들어간 것처럼 조금만 담긴 밥인데 북한 은어이기도 하다.

폭탄선언은 어떤 국면이나 상태를 갑작스럽게 전환시키는 작용이나 반향을 일으키는 결정적인 선언이다. 정치꾼들의 권모술수가 대부분이며 연인 간의 이별, 부모와 자식, 조직 사회의 상하관계 등에서 행해진다.

폭탄은 전장에서 태어나 세상살이 전반으로 퍼진 시한폭탄 같기도 하다.

피

 사람의 피는 몸무게의 8% 정도로 대략 5ℓ 전후다. 이 피는 뼈에서 만들어지고 심장으로 집결한 뒤 정제되어 동맥과 모세혈관을 흐르며 신체에 골고루 영양을 공급한 후 정맥을 타고 다시 심장으로 돌아온다.
 그러니까 뼈는 생산공장이고 심장은 사업본부이다. 동맥과 정맥은 물류 거점이자 지사이고 모세혈관은 지역별 체인점인 셈이다.

 불혹의 40대 가장이 초딩 저학년인 두 아들을 데리고 대중목욕탕에 갔다. 온탕에서 물장구치며 다정스럽게 놀던 형제가 갑자기 서로를 밀치면서 몸싸움을 한다. 잠시 후 형이 오른손에 5백 원짜리 동전을 치켜들며 승자의 쾌감을 만끽한다.
 샤워기 쪽에서 이 광경을 지켜보던 아버지는 혼잣말처럼 중얼거린다.
 '역시 피는 물보다 진하고 돈은 피보다 진하군!'

34마디의 늘씬한 몸매를 자랑하는 거머리는 리듬 체조 선수처럼 다가와 장딴지에 달라붙어 피를 빤다. 흡혈귀는 오밤중에 무덤에서 나와 사람의 피를 빨아먹는다는 전설상의 귀신인데, 드라큘라와 뱀파이어(흡혈박쥐), 죽었다가 다시 살아나는 좀비 등이 있다.

피 중에서 가장 좋은 피는 뜨거운 청춘의 피가 아닐까? 무슨 일이든 거침없이 도전해서 승리의 쾌감을 맛보는 의지와 용기가 아름다워 보인다.

그리고 강제로 빼앗길 때보다 '헌혈의 집'에 방문해서 큰 컵 정도인 400㎖를 기부할 때 자랑스럽고 뿌듯할 것이다.

피를 보면 무섭거나 두렵기도 하지만 피를 잘 쓰면 보람되고 만족스럽지 않을까?

피라미드

 4500년 전, 이집트 땅에 피라미드가 건설되었다. 왕(파라오)이나 왕족의 무덤인데 사각뿔 모양으로 생긴 건조물이다. 이집트에는 80개 정도의 피라미드가 있는데 그중 카이로 부근의 기자 고원에 자리 잡은 쿠푸왕(4대)의 무덤이 가장 웅장하다.

 200m가 넘는 밑변에 높이 140m의 거대한 무덤인데 이 피라미드를 건설하기 위해 20년 동안 2~3만 명이 동원되었다고 한다. 이 무덤은 무려 230만 개의 돌이 서로 맞물려 있는데 돌 하나의 무게가 수 톤에서 수십 톤에 이른다고 하니 상상을 초월하는 어마어마한 규모다.

 '천상으로 향하는 계단'이라고 부르는 이 무덤은 이집트인들의 대표적인 자부심이 아닐까?

 세상살이의 모든 구조가 피라미드처럼 생겼다. 밑변에 수많은 분모와 윗변의 적은 분자들이 안정적인 삼각형을 이루고 있다. 학창 시절엔 금·은·동의 분자들이 인정받으며 활개 치고 직장에선 상위 근무 평가자들이 하늘 높은 줄 모른 채 상한가를 달린다. 승진이나 직급에서 특별 대우를 받는 건 지극히 당연한 현상이다.

뿐만 아니라 체육계나 예술계 등 사회 전반에 걸쳐 이 피라미드 법칙은 적용된다. 피라미드의 정점엔 1인자 또는 금메달 수상자가 우뚝 선 채 진두지휘하고, 2인자부터 노메달의 수없이 많은 사람이 호시탐탐 그 자리를 엿보면서 우상처럼 여기거나 복종한 채 한데 어우러져 산다.

또한 다단계 기업체들도 피라미드 조직으로 구성되어 있는데 매관매직 같은 복잡다단한 직급과 고수익의 달콤한 유혹에 빠져 전 재산을 탕진한 채 길거리로 나앉는 경우가 허다하다.

이해관계와 갈등 또는 차별이 없는 피라미드 구조는 오직 가족 구성원으로 똘똘 뭉친 가정 피라미드가 아닐까?

14부

ㅎ

하늘   화산   화장

하늘

 지구 표면에 산과 들, 강과 바다, 나무와 물이 있다면 하늘엔 해와 달, 별과 구름, 번개와 무지개가 있다. 지구와 하늘이 맞닿은 곳은 지평선과 수평선, 그리고 공제선이 있는데 그 경계는 한 뼘 차이도 나지 않는다. 인간이 바다를 휘젓고 다니면서 지배하고 싶은 욕망으로 배를 만들었다면 하늘을 날며 정복하고 싶은 꿈이 비행기와 인공위성을 만들었다.

 하늘엔 하나뿐인 신이 존재하는데 기독교에서는 하나님이라 하고 천도교에선 한울님이라 하며 우리 대한민국 백성들은 하느님이라고 한다. 그러니까 기독교인들은 하나님께 맹세하지만, 천도교 신자들은 한울님께 맹세하며 대한민국 국민 대다수는 하느님께 맹세하고 하느님께서 보호해 주신다고 믿는다. 운동선수들이 감격스러워할 때 양 손가락으로 하늘을 향해 찌르는데 여차하면 모독죄로 재판정에 설지도 모르니 자제해야 할 것이다.

하늘의 넓이는 지구의 수백만 배에서 수천만 배만큼 넓다. 하늘의 영역이 어디서 어디까지라고 단정 지을 수 없기 때문이다. 그래서 하늘엔 2,000억 개 이상의 별들이 떠 있다고 하는데 실제로는 이보다 훨씬 더 많을 것으로 추정한다.

또한 하늘은 일곱 빛깔 무지개를 선사해서 인간들을 기쁘게 하기도 하지만 하늘의 신이 노해서 고함을 치는 천둥과 하늘을 반으로 쪼개버리는 번개로 협박하기도 한다.

하늘은 하찮은 인간들이 권모술수와 이중인격으로 잇속을 챙기려는 음흉한 속내를 모두 알고 있다.

"네 이놈! 하늘이 두렵지도 않단 말이더냐?" 하고 불호령이 떨어지면 나는 오금을 저린 채 잘못을 고하고 용서를 빌어야 한다.

그러하니 하늘을 우러러 한 점 부끄러움이 없는 삶을 살아야 하지 않을까?

화산

 화산은 활화산과 휴화산, 그리고 사화산의 세 종류가 있다. 활화산은 화산 활동이 활발한 현재진행형이고, 휴화산은 현재 쉬고 있는 과거진행형, 사화산은 이미 수명을 다한 과거완료형이다.
 하지만 어리석은 우리 인간이 지하 수천 km의 지구 핵과 맨틀의 움직임을 어떻게 감지하여 판단할 수 있단 말인가! 휴화산이나 사화산이 몇백 년 후나 몇천 년 후에 다시 활활 타오르는 활화산이 될 수도 있기 때문이다.

 얼음과 불의 나라인 아이슬란드는 북미판과 유라시아판의 두 대륙판이 만나는 곳이다.
 이 두 판은 서로 반대 방향으로 움직이며 매년 약 $2cm$씩 벌어진다. 이러한 판의 움직임은 마그마가 지표면으로 올라오는 길을 열어주며 화산 폭발로 이어진다. 또한 '핫스파'라는 커다란 마그마 기둥에서 마그마가 생성된 후 지표면으로 올라와 화산 활동을 하는 것이다.

그래서 연중무휴로 불꽃 쇼를 연출하니 관광객들이 몰려든다. 하지만 불 기름을 내뿜고 내 몸을 불사르는 마술을 선보여 먹고 사는 것만 같아 안타까운 생각마저 든다.

단 1세기를 놓고 온갖 실랑이를 펼치며 살아가는 우리 인간들은 과연 어떤 화산이 되어야 할까? 정체형의 휴화산이나 소멸형의 사화산이 되지 말고 불타오르는 뜨거운 열정과 솟구쳐 오르는 불기둥이 되어 희망 나래를 펼치는 활화산이 되어야 하지 않겠는가!
그래서 불꽃의 정상에서 만족의 함성을 힘껏 외쳐봄이 어떠하랴.

화장

 화장은 얼굴을 곱게 꾸미는 것과 죽은 시신을 불살라 장사지내는 두 가지 뜻이 있다. 대부분 여자는 거울 앞에 앉아 화장으로 하루 일과를 시작한다. 피부 관리는 물론이고 예쁘게 보이고 싶어서겠지? 하루에도 몇 차례씩 다듬고 바르고 문지르다 보면 반질반질 해지며 매끄러운 기운이 돌아나리라.
 하지만 세월 앞에 장사 없듯 수십 년이 지나면 피부 노화를 막을 길이 없다. 어쩌면 화장(火葬) 예행연습을 하고 있는지도 모른다.
 반면에 수많은 남자는 화장품 대신 먼지와 구정물을 뒤집어쓰고 자존심을 내려놓은 채 바삐 살아간다.

 그러다가 때가 되어 삶의 종착역에 다다르면 빈소를 차린다. 인생을 보다 값지게 살았던 사람은 여러 장소에서 고인의 넋을 기리기 위한 분향소를 차린다. 빈소가 본점이라면 분향소는 체인점인 셈이다.

소식을 접한 문상객들은 큰 절을 두 번 한다. 첫 번째는 고인을 추모하기 위한 절이고 두 번째는 자신이 아직 살아있기에 감사한 마음을 전하기 위한 절인지도 모른다.

그렇게 장례를 마친 고인은 동네 화장터로 향한다. 그래서 커다란 육신이 한 줌 재로 변하는 데까지 2시간이면 족하다. 유족들의 머릿속엔 고인의 인생사를 되짚는 시간이기도 하다.

젊어서는 잘 보이기 위한 화장을 하고 늙어서는 잘 보내기 위한 화장을 한다.

어쩌면 우리네 인생이 화장(化粧)으로 전성기를 맞이해서 화장(火葬)으로 마무리 짓는 것이 아닐까?

생(生)
이기원 지음

발행처	도서출판 **청어**
발행인	이영철
영업	이동호
홍보	천성래
기획	육재섭
편집	이설빈
디자인	이수빈 ǀ 구유림
인쇄	정우인쇄
등록	1999년 5월 3일 (제321-3210000251001999000063호)

1판 1쇄 발행 2025년 12월 5일

주소	서울특별시 서초구 남부순환로 364길 8-15 동일빌딩 2층
대표전화	02-586-0477
팩시밀리	0303-0942-0478
홈페이지	www.chungeobook.com
E-mail	ppi20@hanmail.net
ISBN	979-11-6855-407-8(03810)

이 책의 저작권은 저자와 도서출판 청어에 있습니다.
무단 전재 및 복제를 금합니다.